Monika Stocker

Nun muss ich Sie doch ansprechen
Zürcher Stadtmeditationen

T V Z

Monika Stocker

Nun muss ich Sie doch ansprechen

Zürcher Stadtmeditationen

Mit einem Vorwort von Daniel Hell

T V Z
Theologischer Verlag Zürich

Die Deutsche Bibliothek – Bibliographische Einheitsaufnahme
Die Deutsche Bibliothek verzeichnet diese Publikation in der Deutschen
Nationalbibliographie; detaillierte bibliographische Daten sind im Internet
über http://dnb.ddb.de abrufbar

Gedicht S. 103f.: Dorothee Sölle, Nachts um vier, aus: Dorothee Sölle,
Verrückt nach Licht, Gedichte © Wolfgang Fietkau Verlag, Kleinmachnow

Umschlaggestaltung, Layout und Satz
Mario Moths, Marl

Druck
ROSCH-BUCH, Scheßlitz

ISBN 978-3-290-17762-1
© 2014 Theologischer Verlag Zürich
www.tvz-verlag.ch

INHALT

Ach, da sind Sie ja wieder

Gespräche mit Engeln

Vorwort

Wir sind es gewohnt, dass uns die Geschichte Zürichs rückblickend erzählt wird. Monika Stockers kreativer Ansatz kehrt die Sache um. Sie geht vom Vergangenen aus und befragt das Heute aus dem Blickwinkel von gestern. Das ist nicht nur erfrischend, sondern in der lyrischen Gesprächsform, die Monika Stocker mit leichter Feder beherrscht, auch köstlich zu lesen. Da wird nicht mit ernster Miene vorgetragen, sondern mit einem Augenzwinkern zuerst das Gespräch mit den Grossen der Zürcher Geschichte gesucht – mit Karl dem Grossen, Zwingli, Pestalozzi, Alfred Escher und Gottfried Keller. Ihnen hat die Stadt ein Denkmal gesetzt.

Die listige Autorin fragt sich nun, was diese versteinerten Stadtväter so erleben und denken, wenn sie von ihrem Sockel auf das quirlige Leben um sie herum herabsehen. So werden die Monumente, an denen wir meist gedankenlos vorbeigehen, zu dem, was sie einmal waren: Menschen mit Kopf und Herz. Wir hören mit, wie es ihnen als lebendig gemachte Denkmäler z.B. vor der Wasserkirche oder am Bahnhofplatz mitten im heutigen Verkehr zumute ist.

Monika Stocker wäre nicht Monika Stocker, wenn ihr origineller Ansatz nicht auch System hätte. So kommt das sozialpolitische Engagement mit einer Prise Feminismus in ihren Dialogen nicht zu kurz. Doch was sie an kritischen Fragen ins Gespräch mit den monumentalen Herren der Zürcher Vergangenheit einwebt, ist zwar aufmüpfig, aber nie aufdringlich oder ohne Schalk. Es darf überhaupt geschmunzelt werden in dieser Stadtzürcher Geschichte, die einen das Staunen lehrt. Denn wer hätte gedacht, dass Alfred Escher, Stammvater des Zürcher Freisinns und der Zürcher Banker, sich einmal resolut für den Staat eingesetzt hat? Aber das ist nur überraschend, wenn man von heute ausgeht, wo alles so anders ist, dass sich auch Alfred Escher nicht mehr auskennt.

Wirklich erstaunlich ist aber, wie die Monumente dieser grossen Herren – denn ein gefordertes Denkmal für die «unbekannte Hausfrau und Mutter» fehlt ja noch – der Autorin geduldig zuhören, ja mitunter zustimmend nicken, wenn vom Kontrast zwischen ihren Wunschvorstellungen und dem heutigen Zürich die Rede ist. Das Erstaunlichste mag aber für manche sein, wie einfühlsam und liebevoll sich Monika Stocker auf die älteren Herren einlässt. Das kommt mitunter schon einer Liebeserklärung nahe. Oder hat es mit der geschwisterlich erlebten Verbindung von liberaler Tradition und humanistischer Widerständigkeit zu tun?

Am wohlsten fühlt sich die Autorin aber in der Nähe der «Hohen Frau» Katharina, der Äbtissin des Fraumünster Klosters, die in der Reformationszeit auf Widerstand verzichtete, um Gewalt zu vermeiden. Da bleibt es nicht beim unterhaltsamen Gespräch, sondern es kommt zu heimlichen Versammlungen, die Utopisches bezwecken.

Den Höhepunkt hat die Autorin für den Schluss des kleinen, aber reichen Werkes aufgespart. Er ist betitelt mit «Ach, da sind Sie ja wieder» und gibt Gespräche mit den Stadtengeln wieder. Wie Monika Stocker die Schutzengel ermutigt, bei aller Mühe und Erschöpfung die Geduld mit den säkularisierten und gestressten Menschen nicht zu verlieren, ist höchst vergnüglich zu lesen. Es zeugt von der Gewitztheit der Autorin, die Engel als virtuelle Wesen dem Wohl der realen Menschen zu verpflichten und nicht umgekehrt die Virtualität über den Menschen siegen zu lassen – eine Gefahr, die der digitalisierten Spätmoderne und ihrer virtuellen Medien nicht unbekannt ist. In diesem Zusammenhang findet Monika Stocker Worte, die so leicht daherkommen, als hätten sie kein Gewicht, und die doch eine ganze Lebensphilosophie zusammenfassen. Etwa:

«Klar doch, er sieht, was er sieht
ich spüre was ich spüre.»

Es sind gerade solche banal wirkenden Zeilen, die es verdienen, langsam und wiederholt gelesen zu werden. Dann können im Dialog mit der Autorin auch Fragen und Einwände auftauchen, die die Lektüre noch anregender machen. So scheinen mir gerade in locker geschriebenen Versen, die Zustimmung wecken, Widerhaken angelegt, etwa wenn Monika Stocker als Stadtzürcherin einem Engel erklärt, dass Zürich «nicht gerade die geeignete Stadt [ist], um über Vergänglichkeit und Ewigkeit, über Lebenszeit und irgendwelche Grenzen zu debattieren». Aber, so kann eingewendet werden, widerlegt Monika Stocker nicht selber diese Behauptung? Ist ihr Buch nicht gerade eine verspielte Auseinandersetzung mit dem Vergänglichen und ein Blick vom Vergänglichen auf uns selbst?

Daniel Hell

Ach, Herr Zwingli

Austausch mit Denkmälern

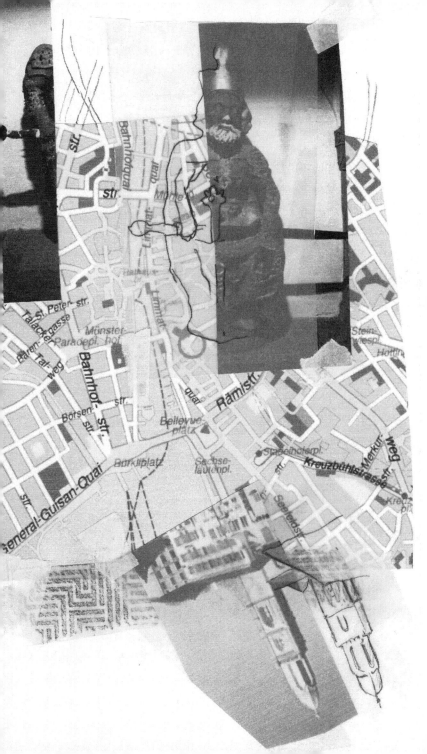

Grüss Gott, Herr Zwingli
Sie haben einen rechten Platz bekommen
Hier hinter der Wasserkirche
nahe beim Grossmünster
Blick auf die Limmat
Seit kurzem ist hier weniger los
Verkehrsbefreit nach Jahrzehnten
Wo wir eigentlich dagegen waren
Das heisst, schon dafür
aber nicht mit ohne Autos
Ach, Herr Zwingli, das verstehen Sie ja nicht
Wie sollten Sie auch

Ich frage mich schon,
was Sie da den ganzen Tag sinnieren, auf Ihr Schwert
    gestützt
Ein Schwert, das geht eben auch nicht mehr bei uns
Nicht, dass wir es schon zu Pflugscharen umgeschmiedet
    hätten
Wie Sie und andere das ja seinerzeit gefordert haben
So weit wollen wir ja nicht gehen
Aber ein Schwert ist ein Schwert
und das mitten in der City

Es heisst, Sie seien ein friedfertiger Mensch
so ganz sicher bin ich mir da nicht
Wenn ich so lese
was Sie alles angestellt haben in der Vergangenheit
die Kriege

die Schlachten
Wie war das noch in ihren Glaubenskriegen?
Bis heute
weltweit
das ist doch eine deutliche Marke
Und bei Kappel?
Aber Zürich ist nicht nur nachtragend
Nein, eine gewisse Grosszügigkeit ist uns eigen

Ja, Herr Zwingli
Es muss für Sie nicht einfach sein
Hier zu stehen
und zuzuhören
was Touristen und Städter
edel und weniger edel
von Kirche und Kultur so halten
und meinen von Ihnen und Ihresgleichen
Aber die Zeiten
wo man
wie Ihr Kollege Herr Martin
einfach Thesen an die Tür schlagen konnte
die sind vorbei
und werden nicht wieder kommen

Es wird auch kein zweites Mal geben
dass wir Sie verschieben
Das verstehen Sie doch, Herr Zwingli?
Damals war es möglich
Kultur erlebbar zu machen

Das wollte man
als man Sie in den Kreis 5 gefahren hat
Heute muss alles seinen Platz haben und nicht mehr viel
    Neues
Sie verstehen
Wir sind in den mageren Jahren
Nicht aus Not
nein, aus Staatstugend
und wegen des Marktes
Das ist jetzt unser neuer Heiliger
Aber das verstehen Sie ja nicht
Wie sollten Sie auch?

Ach, Herr Zwingli
besondere Mühe machen Sie uns, wenn Sie zum
    Eigenschaftswort werden
Ja, tatsächlich
zwinglianisch ist out
Man ist so stolz
dass man das nicht mehr nötig hat
Mag hart sein für Sie
aber so ist es
Aber eben, das verstehen Sie ja nicht

Was – zum Teufel – entschuldigen Sie –
war denn heute Nacht bei Ihnen los?
Es gab Reklamationen in der Nacht
ja sicher
wir Zürcher kennen da nichts

Nach 24 Uhr und noch lachen?
Nach 2 Uhr und noch Alkohol ausschenken?
Jetzt haben wir Sie doch extra kommen lassen, damit Sie
    dem Einhalt gebieten
Und was kommt?
So ist es eben nicht mehr
Wer sich aufregt, ist selbst schuld
Die Party beginnt doch erst um Mitternacht
Der Alkohol ist doch dann besser

Sie fragten nach, Herr Zwingli
was das denn sei
Ein fröhliches Völklein aus der Innerschweiz, das nichts weiss
von unseren Regeln, den Stat(d)tregeln!
Aha, Fasnacht, sagen Sie
was soll denn das sein?
Das kennen wir in Zürich nicht
Das brauchen wir in Zürich nicht
Das wollen wir in Zürich nicht
Fertig!
Falsch, Herr Zwingli, das ist doch völlig okay, sagen wir
Auch Fasnacht darf sein
Wir bringen sie zwar nicht so richtig hin
aber es gibt sie
Aber eben, Sie verstehen das ja nicht

Und, Sie fragen weiter
gestern war doch noch alles in Ordnung
und jetzt ist der Teufel los

Ja, tatsächlich: Teufel sagten Sie!
Da wunderten Sie sich mächtig
Es seien die Vermummten, sagt man
Woher die nur kommen mögen?
Aus unserer Stadt auf alle Fälle nicht
Das wissen wir zu verbieten
Und das alle Jahre zur selben Zeit
Mal am 1. Mai
Mal zwischendurch
Und sie sind unflätig
Was nur sollen wir tun?
Sie verschwinden schon wieder
zum Glück,
aber zuerst bringen sie alles durcheinander
ziehen durchs Dörfli
durch die Bahnhofstrasse
durch die Langstrasse
Sie dürfen das nicht, nein, da sind wir einer Meinung
Aber alles andere verstehen Sie ja nicht
Wir übrigens auch nicht

Und dann, ich verstehe ja, dass das nicht einfach ist für Sie
Kommen einmal im Jahr so viele daher, dass Ihr Standort
	gefährdet ist
Und sie sind nackt
Fast jedenfalls
Oder ein bisschen angezogen
Oder ein bisschen angemalt
Und sie tanzen tanzen tanzen

Und es ist ein Krach, jammern Sie
Nein, das ist Musik, werter Herr Zwingli
Aber das verstehen Sie ja nicht

Wer das nur wieder aufwischen wird?
Und was das kosten wird?
Und überhaupt
sie trinken
viel in der Regel
Und was dann kommt
das weiss man ja

Sehen Sie, das ist eben heute anders
Die Hotels sind zufrieden
Die Bars auch

Ihr Geist ist nicht mehr gefragt
Sie werden da stehen bleiben
wenn Sie sich ruhig verhalten
Keine moralische Rede bitte
Das geht uns auf den Wecker
Wir sind jetzt nämlich anders
Fröhlich
Weltoffen
Lustig
Ich bitte Sie, Herr Zwingli, respektieren Sie das oder …
    oder … oder
Sie verstehen, oder?

Guten Tag, Herr Escher
Ich hoffe, Sie haben nach wie vor die Übersicht
Der Platz ist ja ausgezeichnet gewählt
Sie stehen so quasi an bester Adresse
Weltweit gesehen
das müssen Sie wissen
Zu Beginn oder am Ende – das ist Ansichtssache – der
    Bahnhofstrasse
Das ist Toplage

Würde man Ihren Standort kapitalisieren
und das machen wir eigentlich jetzt überall und immer
Sie wären nicht mehr da
Sie wären nicht mehr zu finanzieren
Und rentieren würden Sie ja sowieso nicht

Einfach nur dazustehen war ja auch nicht Ihre Art
Das ist erst nach dem Tod so verfügt worden
Sie waren ein Macher
ein Entwickler
ein moderner Mensch
Ihnen war kein Hindernis zu aufwendig
keine Distanz unüberwindbar

Sie haben durchdrungen
überwunden
geplant
gebaut

Sie wollten eine offene Schweiz
Eine Transitschweiz auch
Da sollte die Welt verkehren
hinkommen, durchreisen
dableiben
Sie hatten wohl, was man heute eine Vision nennt
Und haben dafür investiert und gearbeitet

Heute ist in Ihrem Rücken der Hauptbahnhof
und Sie hören
und spüren ja wohl auch
die Erschütterungen aus dem Untergrund
Wir bauen nämlich weiter
Neue Transitlinien
Neue Möglichkeiten
Schneller muss es auch werden
Ich nehme gern an, dass Ihnen das gefällt

Ich würde mich schon gern mit Ihnen unterhalten
darüber, wie Sie die Situation einschätzen
hier und heute
Sie haben ja nichts mehr zu lachen
bei diesen Bodenpreisen an der Bahnhofstrasse
Sie beobachten ja
es kommen nur noch Filialen internationaler Geschäfte
in Ihre Nähe
Stinkt Ihnen das?
Man munkelt
dass Sie nachts auch schon mal

vom Sockel herunterstiegen und bis zum Paradeplatz
    spazierten
Dort hätten Sie die Börsenkurse studiert
die im Fenster hängen
und den Kopf geschüttelt
Ja, Sie seien sogar bis zu Ganymed gegangen
und hätten sich mit ihm, dem Träumer
unterhalten

Worüber denn? Das interessiert mich schon
Haben Sie philosophiert über das Machen und das Sein
das Haben und das Sein
die Grenzen und den Wahn
die Lebensqualität und die Lebensquantität?

Ich meine, bei Ihnen liegen ja diese Themen drin
Sie waren nicht nur der Macher
Sie waren auch ein Mahner
Manchmal mindestens
Das steht Ihnen heute nicht gut
Herr Escher, Sie sind zweihundert Jahre bald über Ihrer
    Zeit
da bringt man leicht die Zeiten durcheinander
vergisst, was gestern war und morgen möglich ist
Sie haben – so meinen die, die das Sagen haben – da
    nichts mehr zu sagen

Sie sollen kürzlich nächtlicherweile gerufen haben
dass es früher schon klarer gewesen sei

wer wohin gehöre
wer mit Arbeit reich werde
und wer nur mit Spekulation
und wer es wirklich verdiene
dazuzugehören
und wer auf einem Sockel enden werde
und wer nur auf den faulen Papieren

Sie hatten ja auch einen staatspolitischen Standpunkt
Sie wollten einen Staat
der den Rahmen gibt
den man gestaltet
der Marken setzt
und Sie engagierten sich sogar dafür

Heute ist das out
Sie hätten Ihre liebe Mühe
Wenn Sie mit solchen frei-sinnigen Ansätzen
noch kommen wollten
um sich Gehör zu verschaffen

Leute, die sich wie Sie für Macher halten
schaffen den Staat ab
Reduzieren ihn auf ein Nullnümmerchen
Gehen in die Politik
um genau das zu erreichen

Sie haben ja auch einen gewissen Ausblick auf die
    Finanzdirektion ennet der Limmat

Sie haben einen gewissen Blick schräg hinüber aufs
    Rathaus
Und Sie kennen die Damen und Herren
die mit ihren Köfferchen auf den Schnellzug nach Bern
    eilen

Flüstern Sie ihnen manchmal etwas ins Ohr?
Werden Sie nicht gehört?
Schauen Sie deswegen manchmal so streng von Ihrem
    Sockel herunter?
Letzthin soll einer zu Ihnen gesagt haben:
Also bleib auf deinem Brunnen
Ausgerechnet Ihnen
das habe Sie sehr getroffen

Ich mache Ihnen ein Kompliment
Am besten gefallen Sie mir im tiefen Winter
Wenn zu Ihren Füssen das Wasser zu Eis wird
sich kleine Kristallfäden entwickeln
eine wundersame Gestalt von unsichtbarer Hand
    aufgebaut wird
nein – nicht die unsichtbare Hand des Marktes
wie Adam Smith sie zelebriert hat
und wie sie heute wider besseres Wissen ununterbrochen
    angerufen wird
wie St. Florian

Nein, in so bitterkalten Winternächten
da scheinen Sie mir zu träumen

von jenem andern Leben
das es gibt
und das nicht machbar ist
aber wunderschön

und ich meine
Sie zwinkern mir zu mit dem einen Auge
und lächeln gar

Grüss Gott, Herr Karl
da sitzen Sie nun wirklich
an sehr prominenter Lage
Sie haben Überblick
Sie haben einen teuren Platz

Da ist es wohl schwierig
einfach zu sitzen und zu sinnieren
Sie, der Macher
Sie, der Eroberer
Die Liste der Unterwerfungen
der Eroberungen
der Einverleibungen ist beeindruckend
Wie lebt man damit?
Verdaut man das überhaupt?
Und wie friedlich ist der Tod mit all den Toten im
    Gepäck?
Entschuldigen Sie, ich will Ihnen nicht zu nahe treten
Aber Sie sind halt alles in allem doch prominent hier in
    Zürich
Und fragen darf man ja

Sie sind ja aber auch der Verhandler
der Taktierer
der Stratege
der im rechten Moment die richtige Braut fand
Oder holte
Oder Schenkungen machte
wenn es denn gar nicht anders ging

Ein gutes Schnittmuster
Auch in unserer Zeit

Sie reformierten
stoppten die Barbaren
machten dem Elend da und dort auch ein Ende
wollten Kultur
wollten Bildung
wollten Kunst und Sprache veredeln

Und Sie waren Christ
Der richtige
Der glaubwürdige
Und Sie wollten das zementiert wissen
mit der Krönung damals in Rom
Ich meine, das ist heikel
Krönen und Kirche
Rom und die Welt
Das gibt Probleme
weit über Ihre Zeit hinaus
wie wir heute wissen

Und jetzt sind Sie da
Auch in Zürich
aber einfach an teurem Platz
Residieren und sinnieren
Das geht bei uns nicht
Das hat man Ihnen, dem Migranten, doch wohl gesagt?

Hier wird gearbeitet
Adel hin oder her

Mich interessiert, Herr Karl
Wie kamen Sie zum Namen *der Grosse*?
Wer sagt denn: der Grosse?
Mit den Grossen haben wir es nicht mehr so
Militärische Grösse mindestens, ist vorbei
Zum Leidwesen vieler
die es immer wieder probieren
Milliarden verlangen
für eine Grösse
die eigentlich Kleinmut ist
und von gestern
Aber eben, da fragen wohl die Falschen bei den Falschen
   an
Sie wüssten dazu wohl einiges zu sagen
Kriege waren zu Ihrer Zeit an der Tagesordnung

Sie kommen aus dem Norden
Die Deutschen
Das grosse Heilige Reich Deutscher Nation
Alle diese Worte haben nach dem 20. Jahrhundert
als die Deutschen die Welt das Fürchten lehrten
gar keinen guten Geschmack mehr
Weder in der Politik
noch in der Wirtschaft
Und das lässt man die Deutschen spüren
Sie werden nicht geliebt

das nicht auch noch
Bewundert
ja, das geht nicht anders
denn tüchtig sind sie
in der Regel
Aber sie reden so schnell
so geschliffen
Für uns Schweizer
ja selbst für uns Zürcher ist das eine Provokation
Können Sie das verstehen, Herr Karl?

Die Deutschen als Migranten
Neuerdings ganz stark im Trend
hier bei uns
in Zürich
Kommen die denn bei Ihnen auch vorbei?
So quasi zu ihrem Altmeister?
Sie wissen, mit Migranten kennen wir keinen Spass
Ich nehme an, das sagen Sie den Migranten
die bei Ihnen guten Rat holen
den Sie selbstverständlich geben:
Arbeiten und Gewinn bringen
oder dann abhauen müssen – das hat Gültigkeit
Das ist doch allen klar, Herr Karl?

Es rührt mich immer wieder, Herr Hans Heinrich
Wenn ich die Geste beobachte
mit der Sie den kleinen Knaben an die Hand nehmen
Er vertraut ihnen, das ist deutlich
und Sie weisen ihm den Weg
Auch das ist deutlich

Liegt da vielleicht sogar das Berührende?
Das Innige?
Das Einmalige?
Es ist nicht nur eine Geste
Mehr als eine Geste
Es ist Inhalt
Verbindung
Beziehung
Fast Re-ligio

Ich weiss etwas
Ich übernehme
Ich verantworte
Und du kannst vertrauen
Kannst dich führen lassen
Kannst die Hand mir überlassen

Es ist ein Bild, das etwas fremd geworden ist
Wir pochen nämlich auf Autonomie
Mit guten Gründen
Wir wollen selbständige Kinder
Mit guten Gründen

Wir wollen Unabhängigkeit
Eigenverantwortung
einen eigenen Lebensentwurf, sagt man
eine Ich-AG, propagiert man
Und das alles mit guten Gründen

Wir fordern diese Werte ein
Wir fordern sie von andern
Jeder ist seines Glückes Schmied
Jeder hat es in der Hand
sein Glück
seinen Reichtum
seine Erfüllung zu finden
Das ist gut so – oder?

Wir grenzen uns ab
Setzen Limiten
Markieren die Linien
Sagen nein
Das hat seine guten Gründe – oder?

Und die Beziehungen verkommen dabei
Zu Angebot und Nachfrage
Zu Kosten und Nutzen
Zu Kalkül
Wer weiss?

Bei erwachsenen Menschen respektiere ich das alles
Es ist wohl gut so

cool und schmerzfrei
Bei Kindern aber?
Da bin ich mir nicht sicher
Da gefällt es mir
dass Sie sich etwas niederbeugen
zuwenden
hinsehen
und die Hand reichen

Die Beziehung ist spürbar und gültig
Nicht einfach so auf Zusehen hin
So lange es eben «stimmt»
Ich interpretiere und plädiere
für Verbindlichkeit

Man könnte es Liebe nennen
Das Lebenselixier
für die Kinder
für ihr Gedeihen
für ihre Zuversicht
für ihre Chance
Immer wieder

Wer diese Erfahrung gemacht hat, und sei es auch nur
einmal
kurz
aber gültig
der wird nie verloren sein

Kopf, Herz und Hand
Die Verbindung macht's
Guten Abend, Herr Hans Heinrich!

Ihr Kopf, werter Gottfried Keller, ist markant
Streng blicken Sie über das Seebecken
Hinüber zum Seefeld, zu den grünen Hügeln
den reichen Zonen
Und vielleicht auch noch weiter nach Osten
Von dort, wo ja nicht immer nur Gutes gekommen ist
Auch nicht für den Stand Zürich

Aber vielleicht ist Ihr Blick
auch ein ganz anderer
einer, der eher nach innen geht
Ich bin mir da nicht sicher

Immerhin – Sie stehen auf einem Sockel
Auf dem Ihr ganzes Werk eingemeisselt ist
Ich hoffe, es gefällt Ihnen so
und Sie sind stolz
Das dürfen Sie ja auch sein
Ich weiss nicht, ob ich das gemütlich finden soll

Ich stelle mir aber auch vor, dass Ihr Blick ab und zu
auf die näheren unmittelbareren Szenen fällt
Zu den Krippenkindern
die bei den Parkbänken um Sie herum den Enten
    nachjagen
Ohne Erfolg
selbstverständlich
Oder Sie machen sich auch Gedanken über die
    Grossmütter

die das harte Brot
das sie ja nicht mehr beissen wollen oder können
via Enkel bei den Schwänen und den Taucherli
    entsorgen
Sie waren ja dem gewöhnlichen Leben auch zugetan
Beobachtend und kommentierend

Oder Sie freuen sich (wirklich?) an den Liebespaaren
die da in der Dämmerung die Parkbänke nah am See
    bevölkern
oder den Schutz der Trauerweide nutzen
Für was auch immer
Und ich hoffe sehr, dass Sie sich darüber freuen

Auch wenn Sie sich wahrscheinlich wundern
dass es da – bei der Liebe – heute so ganz anders zugeht
als Sie es beschrieben und festgehalten haben
beim Grünen Heinrich
Oder bei … oder bei …

Das ist heute anders
Da geht es direkter zu
Viele Umwege gibt es wohl nicht

Liebesbriefe gibt es nicht mehr
Das erledigt man heute mit SMS
Und so würde gar nichts mehr zustande kommen
Wie Ihre *missbrauchten Liebesbriefe*
Wie *Romeo und Julia auf dem Dorfe*

Aber Liebe ist heute wie damals eine Sache
Manchmal

Überhaupt Briefe schreiben
Das ist bei uns vorbei
E-Mails, SMS, mehr liegt nicht drin
Man verliebt sich so
Man scheidet sich so
Man macht jemanden fertig so
Man schickt das Fertigmachen weiter
an Anzahl x
Alle gespeichert
Und das ist unser Fortschritt
Ihre rege Briefkultur
An wen würden Sie heute schreiben?

Wer wäre heute Ihr Auerbach?
Ihr C. F. Meyer?
Wer Ihr Theodor Storm?

Ich möchte auch zu gern wissen
was Sie heute an Themen setzen würden
für die *Zürcher Novellen* zum Beispiel
Was käme da vor?
Wer käme da vor?
Da würden sich einige wohl wundern
und andere ärgern
Ich meine mindestens
Sie hätten eine andere Klientel im Auge

als die schnellen Medien
Sonntag für Sonntag
mit ihren Talkshows
wo sich Politprominenz die Hand und mehr gibt
und verspricht
das sei das wirkliche Leben
das wirkliche Zürich

Und ein spezielles Auseinandersetzen müssten wir Ihnen
    empfehlen
Zum Thema *Kleider machen Leute*
Ach Gott, werter Gottfried Keller
Sie haben ja keine Ahnung
welche Medien-Welt wir haben
Und was aus den «Kleidern» geworden ist
Und wer da nackt ist
So viele Kaiser wie es gibt
Doch das ist nicht Ihr Thema
Schade eigentlich
vielleicht die neuen *Leute von Seldwyla*?

Angenommen, Sie dürften heute wieder ein
    Bettagsmandat verfassen
Was würde es beinhalten?
Wen würden Sie geisseln?
Wen loben?
Ich befürchte, es würde auch heute abgelehnt
Wissen Sie, wer Klartext spricht
ist nicht sehr in

Insbesondere wenn er etwas verlangt
Nämlich Wahrhaftigkeit
Ein Unwort heute
Altmodisch
Von gestern
Und kaum mehr bekannt
Weder in Form noch in Inhalt

Herr Keller, müssten Sie sich heute nicht mal wieder mit
    Escher auseinandersetzen?
Wie damals
Was ist denn aus seinem Weltbild
was aus Ihrer Kritik geworden?
Würden Sie sich heute anders begegnen?
Gar verstehen?
Oder sich beide ärgern oder beide schmunzeln
Was haben die gut hundert Jahre
aus Ihrer Welt, aus Ihrem Zürich gemacht?

Landschaftsmaler
Staatsschreiber
Schriftsteller
Eine eigenwillige Erfolgsgeschichte ist es ja schon
War es damals schon
Wie würden Sie sie wohl heute beurteilen?
Wie würden Sie
das *Fähnlein der sieben Aufrechten* denn heute
    schreiben?
Ihre Kritik an der NZZ

Und Ihre Verbindung zu ihr begründen?
Wie gewichten Sie Ihre Gedichte?
Ach ja, Ihr strenger Blick hier am See verrät davon wenig

Sie besitzen einen Leistungsausweis
im wahrsten Sinn des Wortes
Sie sitzen ja auf ihm
und Ihnen näher kommen
das war wohl damals wie heute nicht einfach
Man kann lesen
noch immer
– mit Gewinn

Die besonderen Tage und Nächte im Jahr

Im Gespräch mit dem Stadtengel

Ostern scheint eine besondere Sache
Mich dünkt
Sie seien heute so festlich
durchsichtiger irgendwie
Dabei ist dieses Fest schwierig für uns
die handfesten Realisten von heute

Wir geniessen zwar die vier freien Tage, klar
auch der Konsum ist prächtig
Schokolade ist unser Exportprodukt
Und Eier, nun ja, da können wir bestätigen, dass bei uns
  auch Hühner glücklich sind

Aber sonst?

Ostern, das geht ja noch
Da stellen sich Frühlingsgefühle ein
Hoffnungen auf das Neue
Es wird warm, hell, fröhlicher

Aber was davor kommt
das möchten wir auslassen
Karfreitag?
Sie schmunzeln
Ich weiss, das möchten alle
Auch damals
war das wohl nicht begehrt

Und was davor war, das wissen wir auch
Ein Hosanna-Rufen
Da wären unsere Fernsehstationen aber ganz nah dabei
Und wenn sie wissen, wissen könnten
dass dann der Absturz kommt
würden sie ein Exklusivinterview machen

Und den Hochverrat
das kennen wir doch auch
Feige
Für ein paar Silberlinge
Oder ähnliche Gelder
Oder Bekanntheit
Oder Wichtigtuerei
Oder Im-Rampenlicht-Stehen
Oder An-der-Hintertür-Verhandeln

Und auch das Leugnen der eigenen Erkenntnisse
    kennen wir
Das ist gang und gäbe
Es ist ja so einfach mitzumachen
der herrschenden Meinung zuzustimmen
und dem Zeitgeist zu huldigen
Sich dagegen zu stellen
das kostet viel
Meist zu viel
Den einen gar das Leben
Den andern eigentlich nur die Karriere
Aber wenn das verwechselt wird

das eine zum andern wird
dann werden Feigheit und Mitmachen
schon fast epidemisch

Der Hahn müsste nicht so oft krähen
Da genügen Schlagzeilen
Da genügen ein paar Indiskretionen
an die richtige Adresse
Und voilà:
die Sache ist gelaufen

Dass die Besatzungsmacht die Hände in Unschuld
    wäscht
auch das hat bei uns Tradition
Wir sagen dem natürlich nicht so
Wie käme das auch an
Aber so ein bisschen beherrschen
ein bisschen Macht- und Druckmittel einsetzen
Nun ja, das ist schon gang und gäbe
Wer will denn da nicht das Volk befriedigen?

Und peitschen
mit Dornen krönen
verhöhnen
das gibt es nur noch in Sadomasokreisen
Dafür wird sogar bezahlt
Sonst aber: Nein, nein, da sind wir heute entschieden
    weiter

Sie lächeln wieder und schütteln die Flügel
Aha, Sie sehen das wohl in einer andern Perspektive?
Und ja
klar
verhöhnen kennen wir
Kronen aller Art gibt es auch und Schläge ja auch
aber wir haben es gern unblutig
und diskret
viel diskreter als damals

Und dann gibt es noch die Geschichte von den
    wirklichen Verbrechern
die da auch hingerichtet worden sind
Da sind wir auch gut, im Unterscheiden
Wir sagen immer
zu den wirklich Armen sind wir nett
zu den wirklichen Flüchtlingen grosszügig
zu den wirklich … und wir wissen da ganz genau
    Bescheid
wer wohin gehört
Es verwirrt, dass damals die drei am Kreuz so ganz anders
    miteinander sprachen
vertraut, so irgendwie «im selben Boot»
und mit geteilter Hoffnung

Und es sollen auch Frauen dabei gewesen sein
auf dem Weg ein Schweisstuch gereicht haben
Das hätte lebensgefährlich werden können
Kollaboration mit dem Feind

Oder mindestens blauäugiges Mitleid
(blauäugig ist bei uns ein Schimpfwort, müssen Sie
     wissen)
Und dann unter dem Kreuz die Mutter und vielleicht
     seine Partnerin
Und sie bleiben
Sein Freund auch
Ob verhöhnt
ob von den Soldaten geschmäht
sie waren da, einfach da
Eine Mahnwache
Noch heute ein starkes Zeichen
Auch das braucht (schon wieder) Mut

Und die Verzweiflung derer, die doch dazugehören
     wollten
die doch seinen Erfolg
und seine Zukunft miterarbeitet hatten
Sie versteckten sich
hatten ganz einfach Schiss
Ich versteh das
Das ist menschlich
Ist zwar traurig, aber nachvollziehbar
Wenn es drauf ankommt
sind es nicht mehr viele
die da sind
Das weiss man

Und schliesslich die Frauen, die zum Grab gingen
Sie wollten ihn salben
ihn umsorgen, so gut es noch ging
Auch das ist vertraut
Es ist manchmal so wenig
was noch möglich ist
Und das tun nur wenige
Aber immerhin
Es muss schon ein Schreck gewesen sein:
Ein leeres Grab
Wo gibt es denn so was?
Das ist ja …
Ob da auch die Fernsehkamera kommt
wenn mal etwas weg ist?
Einfach nicht mehr da
leer
und wo Glauben an eine andere Sicht
eigentlich nicht mehr sichtbar ist
Das kann man nicht filmen
Ein SMS an die Agenturen muss da genügen
verunsichert wie man ist
Man will sich ja nicht lächerlich machen

Ach ja, Ostern, ein schwieriges Fest
Wir feiern es, noch

Sie hören mir zu,
Sie lächeln

Und Sie nicken
Eine Schnittstelle wohl zwischen Ihrer Welt und der
    unseren
Ich freue mich
dass es sie gibt

Natürlich kenne ich diese Situation
Wer kennt sie nicht?
Nichts geht mehr
die Sitzung dauert
Depressiv, unlustig, mutlos
Nichts, gar nichts scheint mehr zu verfangen
Ausser dem Cafard

Das Team, die Gruppe
der Vorstand, man geht sich auf die Nerven
Jedes Wort ist zu viel
Man erträgt nichts und niemanden mehr

Auch die Frauen, die doch sonst immer für Stimmung
    sorgen
die doch mal einen Kuchen bringen
ein paar Schokoladenplätzchen auf den Tisch legen
auch sie sind stumm

So könnte es in Jerusalem gewesen sein
Hingerichtet jener, der die grosse Idee
der die Hoffnung aufrecht hielt
der verkündet, was Leben heisst
der aufzeigte
wie das Zusammenleben gelingen könnte
Hingerichtet

Wieder einmal haben jene gesiegt
die immer schon das Sagen hatten
Was soll man da noch?

Jede und jeder
der noch ein Wort wagt
wird zum Ärgernis
Schweig doch endlich
Es gibt nichts mehr zu sagen
Wir haben verloren
Wie immer
Wir sind verloren
Jetzt endgültig

Und dann kommt plötzlich der Geist
Das Heilige
Die Energie
Die Zukunft
Die Hoffnung
Und man sitzt aufrechter
Man sieht sich in die Augen
Es wird einem sturm und schwindlig
von diesem neuen Wind
von dieser neuen Perspektive

Es könnte ja tatsächlich ganz anders sein
Es könnte tatsächlich sein
dass, wer verliert, gewinnt, und wer gewinnt, verliert
Und alles ist umgekehrt

Und alles ist auf einmal ganz anders
Und alles wird neu
Und alles wird möglich

Es könnte sein
dass nicht die Lauten gehört werden
dass nicht die markigen Worte verfangen

Es könnte sein
dass man aufmerksam wird auf die stillen Töne
die präzisen
die differenzierten Worte

Es könnte sein
dass der Scheinwerfer schwenkt
sich auf die dunkleren Seiten konzentriert
auch jenes zeigt, das im Stillen wirkt
auch jene Menschen sichtbar macht
die zu den Verlierern gehören
die scheinbar quer stehen
die unattraktiv sind

So könnte es in Jerusalem gewesen sein
Als Pfingsten möglich wurde
Nach der Verzweiflung
Nach der Starre
Nach der bodenlosen Enttäuschung
Dem Verrat
Der Feigheit

Der End-gültigkeit
Dem Lächerlichen
Und vielleicht waren es wieder die Frauen
die im Kleinen begonnen hatten
Das Konzept auf der Seite liessen
keine Traktandenliste erstellten
keine Taskforce einsetzten
Nur einfach wieder angefangen hatten
Wieder
und wieder
Den Alltag
Die Normalität
Tun, was zu tun ist
Wie seit Jahrhunderten

Und es wurde wieder geredet
in der eigenen Sprache
Weder in die Mikrofone, noch in die Kamera
aber von Mensch zu Mensch
von Herz zu Ohr
Und so, dass man es verstand
dass der Applaus von den Siegern
den Unterdrückern
den Gewinnern sicher war

Es gab wieder Worte wie Schwarzbrot
Ungezuckert
Ungefiltert
Unvergiftet

Das tat wohl
Das nährte
Das gab Kraft
Das machte stark

So könnte es in Jerusalem gewesen sein
Und das überrascht
Sie kamen wieder auf die Plätze
sie wurden sichtbar
Die hingerichteten Hoffnungen
waren auferstanden
und hatten Macht

Das war natürlich ein grosses Ärgernis
Man kannte das ja
Es wurde immer versprochen:
Diesmal siegen wir für immer
Und es wird nie etwas draus
weil das Leben immer stärker ist als der Tod
Ob es nun mit Worten
oder Waffen
oder dem Megaphon
oder im Gerichtssaal umgebracht worden war

Auferstehung hat eigene Gesetze
Pfingsten auch

Der Geist weht, wo er will
Und wie er will

Und ist nicht kleinzukriegen
nicht zu bodigen
Das macht die Sieger so nervös
die Grossmäuler so lächerlich
die Möchtegernherrscher für ewig so klein

Und es könnte sein, dass sie in Jerusalem dann feierten
Sich freuten über die Energien
die Kräfte
den Mut
das Wagnis
das wieder möglich wurde
das Leben
das wieder lebendig war

Auferstehung hat ihre eigenen Gesetze
Pfingsten auch

Oh, guten Abend, respektive gute Nacht
Selbstverständlich dürfen Sie sich hier setzen und
    ausruhen
Es ist ja so mild
gar nicht wie eigentlich kalendarisch vorgesehen,
    ich weiss
In dieser Nacht hätte ich Sie natürlich überhaupt nicht
    erwartet
ich hätte mir gedacht
dass Weihnachten die Nacht sei, da Ihre Zunft so eine
    Art Vollversammlung hält
da alle auf Posten sind
und keine individuellen Aufträge erfolgen
Offenbar ist dem nicht so –
täusche ich mich? Sie seufzen? Stress?

Es ist ja schon eine besondere Nacht
Immer wieder mit hohen Erwartungen aufgemotzt
aufgepumpt mit Emotionen
die kein Mensch
aha, offenbar auch kein Engel
erfüllen kann
Deshalb auch immer die leise Enttäuschung
der ganz kleine Frust
die feine Trauer
der schmerzliche Stich in der Herzgegend
Natürlich, es ist schön

Mit der Familie, den Freunden
den Nachbarn
ist man auch besonders nett
Sogar im Büro schüttelt man sich die Hände eine Spur
    herzlicher
Aber man weiss
es reicht nicht
Nie

Ich weiss ja nicht, wie man in Ihren Kreisen die
    Geschichte erlebt
was man weitererzählt
und wie
Mich würde natürlich schon interessieren, was Sie wissen
    über jene Nacht
vor vielen hundert Jahren
Was da gewesen ist
mit den Hirten
den Engeln
den Menschen
die zur Volkszählung aufgebrochen sind
aufbrechen mussten

Erzählt man in Ihren Kreisen davon?
Noch heute?

Und ich würde gern erfahren, ob da das «Fürchtet euch
    nicht»
das man uns überliefert
wirklich von Ihnen gekommen ist
Was Sie damit gemeint haben
Was Sie damit manifestieren wollten
Mit welcher Wirkung
Damals
Durch all die Jahrhunderte
Und was wohl heute?

Wenn man den einfachen Leuten sagt
«Fürchtet euch nicht»
wenn Ausserordentliches geschieht
das glaubt keiner mehr heute
Man hat gelernt, zu misstrauen
definitiv
Allen Beruhigern
und allen Schalmeien
und allen
die von oben kommen
von Licht erzählen
wo gerade eben noch Dunkel herrschte

Es hat ja etwas Aufmüpfiges
wenn man Angst nimmt
Und nicht Angst macht

In Letzterem sind wir Weltmeister
Es genügt
wenn einer sagt, uns geht es einen Millimeter schlechter
– vielleicht – möglicherweise –
Dann kann man alles von uns verlangen
Und alles mit uns machen
Das ist aber regional
Typisch Schweiz

Alle andern Völker
alle andern Gegenden
haben gelernt
mit Auf und Ab umzugehen
Nur wir sind überzeugt
dass es bei uns nur aufwärtsgehen kann, darf

Entschuldigen Sie, ich schwatze
Ihnen hier den Kopf voll
wo Sie doch sicher eher Ruhe brauchen

Ich lasse Sie jetzt allein
Sie nehmen sich, was Sie hier bei mir brauchen können
Bleiben so lange, wie Sie möchten
Und dann gute Reise

Ich sehe am Morgenhimmel
ein Licht
Fürchtet euch nicht!

Aha, auch in dieser Nacht sind Sie unterwegs
Bitte, setzen Sie sich
Es ist ja schon eine besondere Nacht, die jeweils das eine
    Jahr vom andern trennt
Auch wenn wir aufgeklärten nüchternen Menschen
uns da keine mystischen Veränderungen mehr andenken
Ein wenig besonders ist es doch
Man geht aus
Man geht in sich
Man feiert
Oder trauert
Oder tut, als ob nichts wäre
Und gerade das entlarvt
Auch ins Bett gehen kann man
Ich tue das meistens, seit ich alt geworden bin
Und freue mich, wenn ich am Morgen aufwache und
    weiss,
ja, jetzt ist es neu
Was es bereithalten mag?
Was es wohl in seinen Tagen versteckt?
Und in den Nächten?

Engel sind da wohl noch nüchterner? Nicht?

Sie müssen sich nicht erschrecken
Falls Sie das eben erlebt haben
Das war nur eine Rakete
Ich weiss wirklich nicht, warum Menschen schiessen
    müssen

wenn sie sich freuen

wenn sie trauern

wenn sie begeistert sind

Das ist ein Gen

das ich nicht erhalten habe

Mich erschreckt es nur

Und ich kann nie jubeln dabei

Nicht am 1. August

Und nicht am 50. Geburtstag

Und nicht am Jahresende

Da bin ich behindert

Ich sehe sofort rennende Menschen

Frauen und Kinder

Krieg

Und – nun ja, lassen wir das

Das alte Jahr soll doch irgendwie in milder Würde
        verabschiedet werden

Nur ich eigne mich schlecht dafür

Ich bin seit ein paar Jahren eher verstummt

Die grossen Worte sind abhandengekommen

Ich misstraue ihnen zutiefst

Und wenn dann morgen alle Grössen dieser Welt

zu tiefsinnigen Reden anheben, muss ich immer gleich
        den Sender wechseln oder ausschalten

Ich weiss nicht, warum

Ich ertrage das nicht mehr

Es kann eine Alterserscheinung sein

Wer mehr als hundert 1.-August- und Neujahrsansprachen
   gehört hat
der kann sie nicht mehr ertragen
finde ich
Sie lächeln – bei Ihnen gibt es so etwas nicht

Ich hole Ihnen ein Kissen
Ich weiss ja nicht, wie Engel ruhen
Und ob

Ich singe Ihnen ein Lied, wenn Sie möchten
Das, was meine Enkel so lieben
Und das sie bei aller Aufgekratztheit
immer ruhig werden lässt
Nina – ninanna …

Ein gutes neues Jahr!

Es soll Ungeheuerliches passiert sein

Über geschichtliche und zeitgenössische Figuren

Man sagt, die Geister in der Sihl
hätten sich wieder bemerkbar gemacht
Sie hätten wieder einen Wall errichten wollen
zwischen Inner- und Aussersihl

Das sei schon vor vielen Jahrzehnten
ein guter Weg gewesen
zu trennen zwischen denen und denen
und jenen und den andern

Und heute gäbe es ebenso viele gute Gründe
wieder mal darüber zu reden
wer denn alles wo wohnen dürfe
wo leben
wo anschaffen
wo sich niederlassen
und wo sich natürlich auch verstecken
und wo seine Geschäfte machen
die legalen
und die andern

Und zu diskutieren wäre schon
ob es denn nicht doch eine Art Passkontrolle geben
    müsste
heute
Natürlich würde man dem anders sagen
Man ist ja nicht von gestern
Aber einfach so freie Wahl für alle
das führt zum Durcheinander

Die Geister in der Sihl würden nächtlicherweile
   rumoren
Das gäbe Unruhe
Man habe da so den Verdacht
dass Aggression wieder aufkomme
Oder Angst
Oder manchmal ist es ja beides
und die Kaserne
ist ja auch nicht mehr
was sie mal war
Der Exerzierplatz ist weg
Das Ausschaffungsgefängnis
das Provisorium für Jahrzehnte
ja, das sei noch da
aber auch da würden sie schreien
nachts
und manchmal auch am Tag
in allen Sprachen
Auch das gäbe Unruhe
und manchmal vermische sich das

Ja, die Geister in der Sihl
hätten sich auch bemerkbar gemacht
als sie zurückgezwängt wurden
wegen der Bauerei
des neuen Bahnhofs
Das Wasser, das saubere
wurde umgeleitet
das nicht saubere

dann auch
versuchsweise, ja
Und schliesslich die Bauerei
entlang der Geleise
die Hochschule
die Megabauten
sie kommen
und bringen Neues
Will man das denn?
Wer kontrolliert
wer da reinkommt
und wer nicht?

Die Geister in der Sihl
würden keine Ruhe geben
sagt man
Die Securitas kann da nichts machen
Wenn sie nachts da ist
ist es ruhig
Klar doch

Und kaum sind sie weg, soll es rumoren
Und dabei will man doch Ruhe
Endlich Ruhe
Da zwischen denen in Inner- und Aussersihl
Die Geschichte ist erledigt
Das weiss man doch
Mal friedlich

Mal weniger friedlich
So ist es halt

Warum nur diese Unruhe?
Die Geister in der Sihl
Da sollte es doch endlich Ruhe geben
So zwischen denen und denen
Oder doch nicht?

Grüss Gott, Hohe Frau
Ich freue mich über Ihre Einladung
Schon lange war es mein grosser Wunsch
Sie mal zu treffen
Einfach so

Dass Sie sich Zeit nehmen, ehrt mich
Und dass wir ganz einfach zu zweit sind
ohne Hofstaat
ohne Damen
ohne Sicherheitskräfte – würden wir heute sagen
das ist so befreiend

Sie hatten ja nie viel gehalten
von den Zeremonien
dem Geklirre von Waffen, von Rüstung
von Monturen aller Art
den äusseren und den inneren
Sie waren schlicht, sagt man
Ja, ich verstehe, das heisst einfach, klug

Es dauerte viele Jahrzehnte
Ja, Jahrhunderte
bis unsere Stadt für Sie ein Denkmal errichtet hat
Ich weiss, dass Sie darauf nicht aus waren
Und dass es Sie trotzdem freut
freut auch uns, viele Frauen
die das Geld gesammelt haben dafür

denn einfach so kam es ja nicht
Wie kann man einer Frau ein Denkmal errichten
die Blutvergiessen verhindert hat
wenn es doch so viele Männer gibt
die darauf warten
ein Denkmal zu bekommen
weil sie so viel Blut vergiessen liessen?
Sie konnten warten

Schön, dass Sie sich über die schlichte Form freuen
Einen Tisch haben Sie sich gewünscht
an dem viele Platz nehmen können
sich nähren können
sich erholen können
austauschen können
auch verhandeln können

Sie haben, Hohe Frau, etwas getan
was einmalig ist
Sie haben abgewogen
Nachgegeben
Zugelassen
Frei gegeben
Und so Blutvergiessen verhindert
Und Frieden ermöglicht
Sie hätten auch anders handeln können
Die Macht hatten Sie
Auch die Mittel
Man(n) hätte das verstanden

Das andere Verhalten aber, war überraschend
Und hat entwaffnet

Diese Leistung steht quer
zu allen Heldentaten der Geschichte
Sie kam von Ihnen
einer noch jungen Frau
einer frommen Frau
einer gebildeten Frau
einer machtbewussten Frau

Wissen Sie, das tut uns Zürcherinnen gut
Auch wenn viele Sie nicht kennen
nicht gut genug jedenfalls
Dennoch, Sie so in der Mitte zu wissen
in der City, wie wir heute sagen
unweit des Paradeplatzes
im kühlen, stillen Hof
das stärkt

Mein Arbeitsplatz war während Jahren in der Nähe
Deshalb kennen wir uns gut
Ich ging oft mit einem knappen Gruss
und in Eile an Ihnen vorbei zur nächsten Sitzung
Immer haben Sie mir Mut zugenickt
gelächelt und mich manchmal auch getröstet
nachher, wenn die Aufträge schwer wogen
wenn kaum ein Durchkommen war

Es war, als wüssten Sie nur zu gut
wie die Frauen in Führungspositionen
halt so wahrgenommen und gehandhabt werden
Ihr Umgang war souverän
Das stärkte meinen Kleinmut
und den von vielen

Wir treffen uns wieder
Gern
Ich danke Ihnen

Liebe Katharina

Sie kennen unseren Frühlingsumzug

Den Zug der Zünfte

Sie wissen

dass er den Männern vorbehalten ist

Sie wissen

dass Frauen sich seit Jahren bemühen

dort mitmachen zu dürfen

Und dass sich diese Frauen auf Sie beziehen?

Was sagen Sie denn dazu?

Wo stehen Sie denn in dieser Auseinandersetzung?

Ich sehe Sie schmunzeln

Ja, gar lächeln

Aber nicht gerade fröhlich

Ich höre

Aha, ja, Sie haben Recht

Es ist ein altes Leiden

das wir Frauen seit Generationen kennen

Mitmachen oder abseits bleiben

Was tut der Emanzipation besser?

Und wo ist das eine richtig und wo das andere?

In der Kirche

Im Militär

Bei den Berufsverbänden

Den Wirtschaftsclubs

Den «Standesorganisationen»

Ja ja, das habe ich in meiner Generation noch erlebt
Es gab den Gesellenverein
Die Jungmannschaft
Die Jungfrauenkongregation
Den Mütterverein

Und jede und jeder wusste, wo er eigentlich hingehörte
Das gab Sicherheit
Aber auch einen gewissen Respekt vor diesen
Oder eben jenen

Heute ist das aber vorbei
Alle sollen alles können dürfen
Und manchmal auch müssen
Und wir Frauen wollen doch das auch
Wir haben lange genug gewartet
Und gebettelt oft
Es war zum Schreien
Sie blicken skeptisch?

Die Frauen vom Fraumünster
sind immer etwas Besonderes gewesen
Und Sie meinen
sie wollten es durchaus auch bleiben?
Verstehe ich das richtig, höre ich da einen gewissen Stolz?
Wollen Sie nicht, dass sich Ihre Frauen
wenn ich denn so sagen darf
einfach einmischen?

Vorausgehen?
Ja, das wäre was
Stolz und selbstbewusst
wie Sie mit Ihren Frauen
in so vielem vorausgegangen sind

Vielleicht sollten wir ein Fünfeläuten machen
Der Zeit voraus
Die eigene Zeit einläuten
Den eigenen Frühling
Die eigene Festlichkeit

Das könnte doch ein echter Fortschritt sein
Laden Sie ein
nächstes Frühjahr?

Ich wünsche Ihnen einen schönen Sonntag,
    Hohe Frau, liebe Katharina
Danke, dass Sie mir diese unkomplizierte Anrede
    gewähren
Unkompliziert
ja, das scheinen Sie gewesen zu sein
Und sind es noch heute
Nüchtern auch
Unprätentiös
Sie hätten keine Chance
im «Gala» zu kommen
Oder auch nur im «SonnTalk»
Da gäben Sie wohl zu wenig her
Und Sie gäben sich dafür nicht her

Sie fragen nach den nächtlichen Ereignissen
Sie sind irritiert
Das sei ein Gegröle
und ein Gekotze
Ja, das auch
und ein Gepisse
Sie müssen nicht erröten
Wir wissen
was Sie meinen

Ja, so ist das jetzt eben
Wir sind jetzt eben eine In-Stadt
Und wer das kritisch hinterfragen möchte
ist ein Banause

und wird noch in die Nähe jenes anderen Denkmals
    gestellt
das ennet der Limmat
hinter der Wasserkirche steht:
der Huldreich
Und mit dem will Zürich von heute nun definitiv
nichts mehr zu tun haben

Ihre Idee, dass sich zukünftig
auch bei Ihnen um Mitternacht ein paar Frauen einfinden
    könnten
gefällt mir
Man munkelt ja schon lange
dass es das gibt
Frauen, die sich treffen
und unter sich sind
und es bleiben wollen
und über Politik reden
und über die Männer
Ja, auch über die Kinder und Enkel
über die Preise und die Mode
Aber eben auch
und das irritiert definitiv
dass sie lachen
herzhaft
Nicht hinter vorgehaltener Hand
sondern vital und Muskeln bildend
Und ja, fast ein bisschen schamlos

Und jetzt möchten Sie das
verbindlich machen
offerieren
für – ja, für wen denn?
Da stellen sich Fragen

Eine alte erste Frage:
Wie viel Struktur
wie viel Bewegung
tut den Frauen gut?
Was schadet, was nützt?
Und an wen genau geht Ihre Einladung?
An jede Zürcherin?
Auch an die Migrantinnen?
An die Namenlosen
oder an jene
die etwas aus ihren Namen gemacht haben
oder machen liessen?

Jetzt habe ich Sie verwirrt
Das wollte ich natürlich nicht, liebe Katharina
dass das heute so kompliziert geworden ist
das kann ich Ihnen auch nicht plausibel erklären
Deshalb …
Ja, deshalb
vielleicht überlegen Sie es sich nochmals
bleibt es besser beim kleinen Zirkel
Oder gibt es einen grossen Tisch

eine Vollversammlung
wie wir das früher mal nannten

Sie können ja gern mit Ihren Kolleginnen aus dem
    Stadtarchiv
jenen zwischen den Aktendeckeln und jenen in den
    Briefen
mal Rat halten
wie früher

Ich komme gern wieder vorbei

Einen schönen Sonntag
liebe Katharina

Es soll in Zürich Ungeheuerliches passiert sein
Da hätten die Frauen
von denen man annimmt
dass sie sich immer wieder
im Hof des Fraumünsters versammeln
nächtlicherweile!!
zu konspirativen Treffen
durchgesetzt
es müsse ein Denkmal für die unbekannte Hausfrau und
    Mutter
erstellt werden

Die Kulturkommission habe dem zugestimmt,
    zustimmen müssen
Immerhin habe mehr als die Hälfte der Zürcher
    Stimmberechtigten unterschrieben
Mehr als die Hälfte sind ja leider Frauen
und diesmal hätten alle mitgemacht
die Jungen
die Alten
die Managerinnen
die Kaderfrauen
die Politikerinnen
die Angestellten von den Grossverteilern
die Mütter
und die Nicht-Mütter
und auch die Grossmütter
Und dann noch alle
die einfach genug hatten

nach Jahrzehnten
nach Jahrhunderten
nach dem ewigen Tüchtig-Sein
und dem geduldigen Warten
nach dem Immer-wieder-zu-spät-Merken
was da läuft
und nach dem Immer-wieder-vertröstet-Werden
und nach der Quotendiskussion
und nach der jährlichen Preisverleihung
für das oder jenes

Ja, und dann
dann sei es erstellt worden
und zwar auf dem Paradeplatz
Da gehöre es hin
haben die Frauen verlangt
und nirgendwo sonst
Es sei ja schliesslich der Ursprung
Ohne diese Frauen
denen das Denkmal gewidmet sei
gäbe es gar nichts
rein gar nichts
Weder die tüchtigen Männer
noch die tüchtigen Versager
Einfach nichts

Man habe Blumen hingebracht
Nein – natürlich keine Kränze

sondern frische Blumen vom Markt am Bürkliplatz
in Vasen und Töpfen
und allerlei Geschirr
und man habe bunte Bänder drangehängt
und einen Staublappen und ein Staubsaugerrohr
Das Entsetzen war gross
Mein Gott, diese Verluderung unserer Stadt!

Und so allmählich habe sich einiges verändert
Es gab wie immer solche und solche
Und solche, die es richtig fanden
und solche, die nachdachten
und solche, die vordachten
dass da schon etwas dran sei
mit der Care-Ökonomie
Es gab ja neuerdings sogar Lehrstühle
für diese Sache
und Podien
und öffentliche Debatten

Und der Verdacht blieb
dass das alles irgendwie zusammenhänge
mit den Vorkommnissen
im Hof des Fraumünsters
nächtlicherweile
Und mit den Versammlungen dort
die niemand so je gesehen hat
und die doch immer wieder beredet wurden

Und dass da auch die verstorbenen Frauen
die Regula
die Hohe Frau zu Fraumünster
und andere mitmachten
Auch da wusste niemand Genaueres
aber man erzählte es sich
Die Nähe zum Paradeplatz
die Linie zum Grossmünster
Was weiss man denn schon?

Und
wer weiss denn
wo das noch alles hinführt?
jetzt
wo das Denkmal steht

Dass dieses Denkmal für die unbekannte Hausfrau und
    Mutter
nun noch ausgerechnet mitten in der Stadt aufgestellt
    werden musste!
Auf dem Paradeplatz
Die Frauen hätten gesagt
das sei die Voraussetzung für jede ökonomische Realität
Die Care-Ökonomie eben
Die Ökonomie des Haushaltens
des Hegens und Pflegens
Denn selbst die Banker hätten mal Masern gehabt und
    ihre Mutter gebraucht

und auch der Verwaltungsratspräsident
habe kürzlich nachts Koliken gehabt und eine Bettflasche
    und einen Kamillenwickel
von seiner Frau angenommen
Ich verstehe die Welt nicht mehr
Da hilft weder McKinsey noch Price Waterhouse Coopers
Wo nur sollen wir die Studie in Auftrag geben
die dem Spuk ein Ende bereitet?

Es ist ungeheuerlich
Nicht genug
dass wir nun eine Finanzkrise knapp überlebt haben
Nun kommen sie auch noch mit der Care-Ökonomie
und verlangen deren Beachtung
Verlangen deren Gleichstellung
mit der Realwirtschaft
mit der Finanzwirtschaft

Wir haben es ja wirklich weit gebracht
im ersten Jahrzehnt des 21. Jahrhunderts

Man habe nächtlicherweile
die Löwen vor der Finanzdirektion
brüllen hören

Sie sind ja beeindruckend
gross
männlich irgendwie
und lassen niemanden durch
Kein Pardon
Das kennen wir nicht

Alle sind vor den Löwen gleich
den Finanzlöwen sowieso
Es sei denn
sie machen es ganz geschickt
Aber das lassen wir nicht zu
Je länger, je weniger
Und für die Reuigen
öffnen wir alle paar Jahre ganz gross das Maul
Das gibt immer ein paar Millionen

Nun geht die Sage
dass sie da immer häufiger brüllen nachts
Das stört
Das ist eine nicht bewilligte Immission
Kein Partylärm
eher unheimlich
eher unangenehm

eher fordernd
und irgendwie sträuben sich einem die Nackenhaare

Zudem hätten Geister
so sagt man
bei den Löwen herumgemacht
Papiere in ihre Mäuler gestopft
Ununterbrochen
Und die hätten sie genüsslich gekaut
Wohlige
ja, unanständige Laute von sich gegeben
geschmatzt
oder noch mehr
Und das geht
– ich bitte Sie –
doch ganz einfach nicht

Erst als der Morgen graute
so sagt man
sei Ruhe eingekehrt

Die einen meinen
es sei Budgetdebatte demnächst
was immer das heissen mag
Die andern meinen
das seien jene von der Bahnhofstrasse
Und wieder andere
sind überzeugt
da tue sich etwas

wie auf dem Lindenhof
auf dem Paradeplatz
oder vor dem St. Jakob
Ja, wehret den Anfängen
um Himmels willen

Nur: Die Polizei weiss von nichts
Keine Patrouille
keine Wache
hat nächtlicherweile
je irgendetwas gesehen
irgendetwas gehört
und doch
und doch

Willkommen in Zürich, Frau Regula und Herr Felix
Wir sind eine weltoffene grosszügige Stadt
Down town Switzerland sozusagen

Und Sie als unsere Stadtheiligen
sind uns natürlich immer willkommen
Sie haben es ja bis aufs Staatssiegel geschafft
Das ist aussergewöhnlich
wissen Sie

Wir haben es ja sonst nicht mehr so mit den Heiligen
Was sollen wir mit ihnen auch machen?
Wir brauchen sie nicht
Wir haben andere Vorbilder
elegantere, raffiniertere

Dass sie auch gleich den Kopf unter dem Arm halten
gefällt uns eigentlich nicht
Köpfe rollen auch bei uns, klar
Dass Sie sie aber mitbringen, stört schon
Wenn, dann besorgen wir das selbst
damit kennen wir uns schon aus
Der Herr Waldmann weiss das auch

Aber eben
da machten wir es selbst
Und wer den Kopf verliert
einfach so

den können wir nicht gebrauchen
den weisen wir in der Regel weg
Rayonverbot, Sie verstehen

Aber eben, Sie natürlich nicht
Sie sind ja unsere Stadtheiligen
Ins Museum können wir Sie natürlich auch bringen
Nah beim Bahnhof haben wir das Landesmuseum
da wird es noch mehr Platz geben
auch für Sie, ohne Kopf und mit Kopf

Sie also bringen ihre Köpfe mit
Und dann gleich so ins Zentrum
fast bis zum Rathaus
Nein, gefallen tut uns das nicht

Aber eben
Staatssiegel ist Staatssiegel
Das gilt auch heute noch

Manchmal fragen wir uns schon
warum Sie ausgerechnet nach Zürich kamen
Es hätte ja auch Zug sein können
oder irgendwo im Aargau, im Freiamt zum Beispiel

Wir haben es nämlich nicht so mit den Migranten,
     wissen Sie
Mit den Wirtschaftsmigranten schon
Die brauchen wir
Die oben
und die ganz unten
Und Sie kommen noch
mit dem Anspruch, Gewaltmigranten zu sein
Das gefällt uns gar nicht

Wissen Sie, erst kürzlich haben wir im nahen Rathaus
     entschieden
Gewaltmigranten
– zum Beispiel aus Nordafrika –
wollen wir nicht

Und wissen Sie
die Welt hält sich nicht immer an die Beschlüsse des
     Zürcher Parlaments
leider – das ist ein Ärger

Also, da kommen Sie beide daher
Herrgottnochmal

den Kopf unter dem Arm und aufrechten Ganges
und reden erst noch deutliche Worte
von Heldentum und Feigheit
von Tapferkeit und Grossmäulern
Herrgottnochmal
Das werden wir überprüfen müssen, Sie verstehen
Selbstverständlich
das Staatssiegel gilt
aber wir wollen schon sichergehen

Willkommen in Zürich
Frau Regula, Herr Felix
Exuperantius, wenn es denn sein muss

Und wo ist eigentlich der Dritte,
   der Exuperantius?
Die Dritten sind immer überfällig, wir kennen das
wenn zwei einzigartig werden
Bei dreien ist einer zu viel

Wir vermuten ja
dass hinter den Migrationsleuten
noch andere sind
Helfer halt
Man kennt sie in der Regel nicht

Aber Exuperantius hat es auch geschafft
ins Staatssiegel meine ich
Deshalb sind wir vorsichtig

Irritierend ist es natürlich schon
Exuperantius – doch eigentlich nur ein Diener
und dann gleich auf dem Staatssiegel
Das ist ungewöhnlich

Ein Helfershelfer offiziell anerkannt
Das ist schon fast ärgerlich
Ist denn Gleichbehandlung wirklich schon so weit?
Damals?
Heute?

Wir haben es dann geklärt
Die Stadtheiligen sind denn auch definitiv

Frau Regula und Herr Felix
Den Exuperantius nennen wir nicht
Er ist halt da
wie Tausende
ohne Geschichte
ohne Papiere

Aber mehr wollen wir nicht
von ihm wissen
Und regularisieren
wollen wir seinen Status schon gar nicht
Das könnte ein Präzedenzfall werden
Und wo würde das hinführen?

Dann kämen noch mehr
als Helfer deklariert
für die Grossen und gebraucht von den Grossen
aber dann würde es verbindlich
Das kann nicht sein
damals nicht
heute nicht

Es wäre manchmal schon wünschenswert
die Sicht von Ihnen, Exuperantius, direkt zu hören
Wie war das denn für Sie?
Ihre Herrschaft wurde geköpft
und sie quasi dazu
Oder hatten Sie eine eigene Option?
So würde man heute fragen

Aber eben
das ist zu lange her
Sie sagen nichts
damals wohl auch nicht

Die Gleichbehandlung im Schlechten
da waren wir schon immer konsequent
Die Gleichbehandlung im Guten
da tun wir uns bis heute schwer

Aber
irgendwo fängt sie doch an
ja ja, meistens, spätestens

Herr Felix, ich kenne Sie zu wenig
– Felix, der Glückliche –
Auch nicht gerade eine Eigenschaft, die wir pflegen
Wir sind *political correct*, Durchschnitt
ernsthafte Leute
Aber glücklich, Felix …?

Ich weiss nicht, wo Sie, Herr Felix, einzuordnen sind
Männer ohne Kopf – das geht ja eigentlich nicht
Wir haben da – Gender hin oder her – klare Zuordnungen
Und Männer, die haben einen Kopf
Das ist definitiv und abschliessend so definiert

Ich weiss nicht, wo Sie, Herr Felix, einzuordnen sind
Wenn Mittelalter wäre
wohin gehörten Sie denn?
Zu den Adligen?
Zu den Rittern?
Zu den Bauern?
Zu den Armen wohl kaum

Und später?
In welche Zunft gehörten Sie denn?
Wir legen in Zürich Wert auf diese Zuordnung
Mann kann nicht ganz alles frei wählen
Ein bisschen muss mann schon immer dazugehört haben
Was würden Sie denn wollen?
Wo würden Sie das Eintrittsgesuch stellen?
Wie rechnen Sie sich Ihre Chancen aus?

Und wenn Neuzeit ist
in welche Schicht gehörten Sie?
Wir haben da schon so unsere Einteilungen
«alle Menschen sind gleich» hin oder her

Haben Sie ein Konto in der Schweiz?
Und bitte, bei welcher Bank?
Und ist es ehrlich verdientes Geld?

Also ich meine, so wie man eben heute Geld verdient
Oder haben Sie es irgendwo mitgenommen
bei Ihrem Herkunftsvolk?
Oder wo denn?

Wissen Sie, da sind wir jetzt genau
und von Ihnen wissen wir wenig, zu wenig
und das macht schon gleich ein wenig verdächtig
Es sei denn
Sie haben Bürgen
mindestens so eine Art von
irgendjemand
der sagt
er kenne Sie
und der dann ein gutes Wort einlegen kann für Sie
oder auch zwei
und der Sie dann quasi mitnimmt
in die Kreise
auf die es heute ankommt
in den einen oder andern Serviceclub mindestens

Oder – das allerdings wäre der Hammer –
haben Sie gar Affinität für eine politische Richtung?
Bei Migranten wollen wir das zwar nicht
aber es gibt natürlich auch da
schon solche und solche
Nur müssten Sie es dann auch transparent machen
So ein bisschen
und heimlich
das geht definitiv nicht

Wir kennen Sie schon zu wenig, Herr Felix
Und da Sie schon mal auf dem Staatssiegel thronen
hätten wir eigentlich gute Gründe
Ihre guten Gründe zu kennen
meinen Sie nicht?

Übrigens: Haben Sie je ein Einbürgerungsgesuch gestellt?
Lang genug sind Sie ja jetzt in der Schweiz
Sie wissen aber
ganz so einfach ist das nicht

Da muss man sich schon verhalten
wohl verhalten
schweizerisch verhalten

Und Sie müssen Deutsch können
gutes Schweizerdeutsch halt
und man muss wissen

wie das ist mit dem Bundesrat
Sogar die Namen sollten Sie aufzählen können
die aktuellen natürlich
und dann auch Auskunft geben können
wie es ist mit Initiative und Referendum
mit dem National- und dem Ständerat

Also, da Sie ja so nah an den offiziellen Papieren sind
so quasi oben drauf und mitten drin
sollte es ja für Sie einfach sein
die richtigen Fragen mit den richtigen Antworten
zu kombinieren

Und wenn Sie das gar nicht wollen?
Ich meine, ein Schweizer werden?
Dann sagen Sie es niemandem
denn da würde man wissen wollen
warum nicht
und da würde man Ihnen nicht viel verzeihen
was Sie da allenfalls aufführen würden

Also mein Tipp, schleunigst einbürgern
oder ganz schweigen
für immer

Frau Regula, Sie geben schon ein spezielles Bild
Eine Dame – den Kopf unter dem Arm
das ist auffällig

Dass Frauen überhaupt einen Kopf haben
musste sich bei uns erst herumsprechen
und dass sie ihn brauchen auch
Da tun wir uns noch immer schwer

Und wenn Sie so daherkommen
den Kopf unter dem Arm
wissen Sie, das ist einfach keine Haltung
hier in Zürich

Wir tragen den Kopf und zwar ziemlich hoch
Sie müssen es einfach wissen
bei uns konnten Frauen nicht zu allen Zeiten
einfach so selbstbestimmt daherkommen
Es gibt Beispiele, wo es ganz anders lief
Frauen mit eigenem Kopf hatten es schwer
den hauten sie ihnen ab
und wenn er rollte, wurde gelacht
lange und laut
Etwas davon
hallt heute noch nach
ab und zu mal

Sie haben natürlich auch gute Gesellschaft
Nicht nur den Herrn Felix

Nein, auch das Fraumünster ist nicht allzu weit
So quasi Ihre Nachbarschaft

Wir wissen nichts Genaues
aber vermuten viel
Dort, dort im Hof
da soll nächtlicherweile einiges abgehen
unter Frauen
Solchen aus der Geschichte
solchen von heute
Wer weiss das denn schon?

Und – das ist natürlich nur ein Gerücht –
solche mit und solche ohne Köpfe
Ich meine, die Köpfe sind schon immer dabei
aber manchmal ruhen sie im Schoss
das ist schon speziell
Das verstehen Sie doch

Es werde dort erzählt
debattiert
Es würde analysiert
ob es Alternativen gegeben hätte
damals
und ob es heute Alternativen gebe
für jede Einzelne von Ihnen
aber auch für alle zusammen
Was wissen wir schon

Den Vorsitz habe jeweils die Hohe Frau Katharina
Sie ist quasi die Gastgeberin
Und sie hat ja den Überblick
Sie hatte Macht und hat sie abgegeben
einfach so verzichtet
zum Wohl der Stadt

Das ist bis heute dicke Post
für die Geschichte
und für die Gegenwart
Was machen wir mit einer solchen Geschichte?
Was machen wir mit solchen Geschichten?

Man munkelt sogar
dass sich im Kreis auch noch sehr viel ältere Damen
    einfinden
so quasi alttestamentarische
und die waren zum Teil ja nicht zimperlich
was man da so liest und hört
Da gab es Tyrannenmord
Da gab es vermeintliche Liebesnächte
die tödlich endeten
Da gab es Spätgebärende
die noch einmal alles auf den Kopf stellten

Und was für alle unheimlich ist:
Auch die Tausenden von Frauen
die als Hexen gefoltert und verbrannt
ersäuft und qualvoll hingerichtet wurden

auch die seien ab und zu vertreten
und hätten etwas zu sagen
wie es war damals
und wie sie die heutige Situation wahrnehmen

Das macht natürlich unruhig
Zu gern wüssten wir Heutigen
was die Konsequenz wäre, ist
ob es denn überhaupt eine gibt
und
ja, wir wären zu gern informiert
wüssten, ob Sie für uns Tipps
ja vielleicht gar Rezepte hätten
So das eine oder andere

Denn wissen Sie – im Vertrauen –
so einfach ist es auch heute nicht
das mit den Frauen
und der Macht
und dem Verbrannt-Werden

Nein, natürlich nicht so, wie Sie jetzt vielleicht meinen
das geht heute subtil
clean quasi
Da hat mann dazugelernt

Falls Sie, Frau Regula, also wirklich mit dabei sind
lasse ich die werte Damenrunde mal freundlich grüssen

Ach, da sind Sie ja wieder

Gespräche mit Engeln

Ach, da sind Sie ja wieder
Grüss Gott, mmh, Herr Engel
Oder wie sagt man korrekt?
Seit unserem Zusammentreffen kürzlich
habe ich nachgeschaut
Sie haben ja kein Geschlecht wie wir Menschen
Aber einfach Engel sagen, dünkt mich doch gar plump
Stadtengel, meinen Sie, aber ja
Ich bleibe mal beim Herrn

Sie haben mir erzählt
es gebe einen Tag- und einen Nachtengel
Und der Schichtwechsel sei morgens um vier Uhr
Das kann ich gut verstehen
Das ist die Zeit
wo am häufigsten gestorben wird
am häufigsten geboren wird
wo die meisten Suizide passieren
Wo der Herzschlag kommt
der Hirnschlag
Es ist die Krisenzeit

Man ist wach und die Panik kommt
vor dem neuen Tag
der aber gar noch nicht da ist
So kann man nicht aufstehen
und ihm mit Handeln entgegentreten
Es kommen nur die Bilder
vom schwierigen Gespräch, das bevorsteht

von der Chemotherapie
der Operation
oder auch nur dem Zahnarzttermin

Oder von der Prüfung
der kleinen in der Schule
der grossen im Leben

Das Herz ist schwer
Hart schlägt es, und heftig
Der Kopf ist wirr
die Gedanken kann man nicht ordnen
nicht fassen
Sie schwirren, so sagen wir
Und der Magen ist leer und doch sehr schwer
Und das Gedärm ist ein Klumpen
Es ist unsere Krisenzeit

Die Theologin Dorothee Sölle
eine wohl Ihnen nicht Unbekannte
formulierte es in einem Gedicht oder Gebet so:

Nachts um vier

Komm doch zu mir engel der schlafenden
ich trete die alte mühle der sorgen
meine hände sind ruhelos
die glieder verknotet und ungelöst
meine gedanken klappern das unglück ab

Komm doch zu mir engel der schlafenden
in diesen stunden liegen die gefolterten wach
kühl ihre wunden streck die verrenkten glieder
lieber stummer engel der schlafenden

Meine gedanken sind in den befreiten gebieten
el salvadors die sie jetzt mit napalm behandeln
meine ängste kreisen um mein krankes kind

Engel der schlafenden ich ruf dich seit stunden
leg deine dunkle decke über meine verwachten augen
komm doch zu mir

Und da machen Sie Schichtwechsel
Ich verstehe

Da geht der Nachtengel erschöpft
ja wohin denn?
Nach Hause kann ich wohl nicht annehmen, oder?
Er hat genug gesehen
mitgemacht
beschützt
verhindert
weggeschaut auch?
War da und dort
und überall kann er ja nicht sein

Und der Tagengel
weiss nicht, wo er anfangen soll
Jetzt, wo wir weder Schliess- noch Öffnungszeiten haben
kommen Sie ganz schön in Stress
Das verstehe ich
Bei uns geht es jetzt eben rund
24-Stunden-Stadt
Weltstadt

Guten Morgen
Sie sind früh unterwegs oder irre ich mich?
Ist Zeit gar kein Thema für Wesen wie Sie?
Aha, doch und der Montagmorgen ist ein besonderer
    Zeitpunkt
Der Operationstermin
Der Gerichtstermin
Die neue Stelle
Der neue Chef
Die neue Kollegin

Ich verstehe
Da sind Sie extrem gefordert
Und Sie scheinen sogar die Montagsmüdigkeit zu kennen
Das macht Sie sehr sympathisch
Jene bleierne Schwere
die sich morgens um vier Uhr einstellt
wenn Ihr Nachtkollege noch unterwegs ist
Ich weiss
Dann stehen die Traktanden immer fett gedruckt
Dann sind die Sitzungstermine unüberwindbar
Dann scheinen die Aktenberge unendlich gross
Dass Sie das auch kennen, mindestens verstehen
gefällt mir
Es macht Sie – wenn ich so sagen darf – ja ein wenig
    menschlich

Es soll an den Montagen sehr viele spezielle Notfälle
	geben
sagt man
Schwer einzustufen
ob es der Wochenendstress
der Wochenbeginnstress
der Übergang von Familie zu Kollegen
der Übergang von Selbstbestimmung zu
	Fremdbestimmung sei
Man weiss es nicht
Es gibt ja auch die Montagsprodukte
Jene Autos, die nie laufen
Jene Haushaltmaschinen
bei denen die Schaltung immer ausfällt
Jene Lötapparate, bei denen der Wackelkontakt das noch
	Sicherste ist

Und ich verstehe
Da haben Sie zu tun
um das Schlimmste zu verhindern
um das Möglichste zu tun
um die Woche starten zu lassen
Das ist Ihr Montagstress
Dass das auch Stadtengel trifft
hätte ich nie gedacht

Wie bitte?
Selbstverständlich können Sie noch eine Weile auf der
	Terrasse sitzen bleiben

Einen Kaffee trinken auch
Die Maschine steht bereit
Und funktioniert
Auch am Montag
Tschüss

Hallo, Frau E.
Ich weiss so gar nicht
wie ich Sie ansprechen soll
Irgendwie sind Sie mir so vertraut
Ein Stück meiner Heimat
was ja kein unverdächtiges Wort mehr ist
Aber es ist so
Sie begleiten seit Jahren meine Fahrten
nach Bern, nach X
Und Sie nehmen mich in Empfang
Immer wieder
Zu jeder Tages- und Nachtzeit

Ich meine, so oft Ihr Blinzeln
und das fast verschwörerische Aha gesehen zu haben
dass Sie mir eben eher Freundin und Vertraute sind
als Respektswesen
was Sie aber definitiv auch sind

Also spreche ich Sie an mit Frau E.
Sie wissen, ich hatte in der letzten Zeit
mit zwei Ihrer Berufskollegen Kontakt
Ich habe aber keine Ahnung
ob es bei Ihnen Hierarchien gibt
ob die Genderfrage überhaupt eine ist
Klar ist einfach
Sie sind definitiv uns Frauen nahe
Prall weiblich
Unmissverständlich eine Engelfrau

Und farbig
Und fröhlich
Und ja, sinnlich und dominant
Und – wenn ich mir das erlauben darf zu sagen –
nicht gerade Zürich-tauglich

Ja, ich weiss, Ihre Schöpferin hat einen andern kulturellen
    Hintergrund
Und dennoch
Sie gehören jetzt zum Hauptbahnhof unserer Stadt
Empfangen und verabschieden
Sind Meetingpoint
Und halt eben auch Schutzengel

Da würde es mich schon interessieren
ob Sie da Unterschiede machen
Auf alle aufpassen
das geht ja nicht
Oder sind Engel auch fast allmächtig?
Ich weiss da gar nicht
was ich da glauben soll

Der Hauptbahnhof mit seinen Zehntausenden von
Ankommenden, Pendlerinnen
Touristen, Geschäftsleuten
Verzweifelten
Hoffnungsfrohen
sich in die Grossstadt Absetzenden
Emanzipationssuchenden

sich Verstecken- und Untertauchen-Wollenden
Studenten
Alleinerziehenden Müttern
Einsamen
sich Anbietenden
Nachfragenden
Mich versetzt schon die Aufzählung in eine sehr
    gestresste Stimmung
Und Sie schweben darüber
souverän
unaufgeregt
und «im Dienst»

Neulich, Sie erinnern sich vielleicht
war erstaunlicherweise die Halle fast leer
Da konnten wir uns unterhalten
Schon fast in Ruhe
Und Sie machten mir Eindruck
Sie hielten unmissverständlich fest
dass Sie mit diesem Stress keine Mühe hätten
dass Ihnen die Menschen eher leidtäten
weil sie immer rennen
durch die Tage
auf die Züge
durch die Jahre
nach Hause
Und so ihr Leben verrennen
Sie reisen immer
ohne je anzukommen

ohne zur Ruhe zu kommen
ohne sich mal hinzusetzen
und zu sagen
So, jetzt reicht es
Es ist genug
Ich bin da

Ich hatte versucht
Ihnen zu erklären
wie das eben bei uns ist
wie wir arbeiten müssen
um zu leben
Einfach sein
das geht nicht
Da ist man nichts wert
wird abhängig
und das ist ungut

Und ich habe versucht
Sie um ein bisschen Mitleid zu bitten
Für all diese emsigen und aufgeregten Rennenden
Und Sie hatten da den Kopf geschüttelt
Das glaubten Sie mir irgendwie nicht
dass Menschen zwar Barmherzigkeit brauchen
das schon
Aber warum geniessen sie es denn nicht
mal anzukommen
daheim zu sein
da zu sein?

Und Sie haben mich darauf aufmerksam gemacht
Auf all die Nutzungen
die die Halle
Ihre Domäne
auch noch erbringen muss:
Beachvolleyball im Hauptbahnhof der grossen Stadt
Polo
Autoausstellung
Weihnachtsmarkt
Konzert
Sie meinten
was zu viel sei, sei zu viel
Auch für einen Engel manchmal

Und Sie vermuteten
wir Menschen wollten vielleicht zu viel
Sie klopften sich auf ihre prallen Schenkel und blinzelten
    in die untergehende Sonne
die gerade noch durchs Dach leuchtete
Dabei hätten wir doch alles
In uns
An uns
Die Fülle des Lebens
Ach, Frau E.
Da gibt es wohl Unterschiede
Und diese Differenzen
Darüber müssen wir schon noch weiter reden
Auf ein andermal
Gute Nacht, Frau E.

Aha, willkommen, selbstverständlich
dürfen Sie gern hier Platz nehmen
Ihr Kollege von der Nachtschicht
war neulich auch hier

Dass Sie nun am Nachmittag für einen Moment hier
    ausruhen wollen
ehrt mich
Darf ich Ihnen etwas anbieten?
Sie lächeln, das war wohl ein Fauxpas, ich verstehe mich
so gar nicht auf den Umgang mit Engeln
was Sie brauchen
und was Sie eben nie brauchen, Sie Glückliche

Sie seufzen? Das wusste ich nicht
dass Sie das auch tun
Ja, es macht Sie aber sehr sympathisch

Sie schaffen das Tempo nicht mehr
meinen Sie
das kann ich gut verstehen
Es ist ja auch kein menschliches
und offenbar auch kein engelhaftes
Da nutzen wohl weder Flügel noch die Fähigkeit
sich ohne Aufwand von einem Ort an den andern zu
    begeben
Mobilität ist ein Wert, nur verkraften wir ihn nicht mehr

Wir verlieren die Wurzeln, ich weiss
Und sind dann nirgendwo zu Hause
Respektive nur so als *home base*, wie das heisst
von wo man wieder aufbricht
Sofort
Immer
Jederzeit

Dass das dann aber noch ein Heidengeld kostet
ist paradox
Und wir geben dafür tatsächlich viel Geld aus
Für diesen Ort, an dem wir fast nie sind
Sie verstehen das nicht
Ich auch nicht

Die *stabilitas loci*
ein alter mönchischer Wert
den kennen wir heute kaum mehr
Man muss überall schon gewesen sein
Sonst ist man out
Und sich in allen Hotels der Welt zu Hause fühlen
Nur zu Hause dann eben
ja, was ist da besonders?

Sie verstehen nicht, warum die Menschen immer mehr in
    Schaufenstern wohnen wollen
Ich auch nicht
Ich brauche Rückzug, Privatheit
Aber das ist selten

Man sagt, die Wohnungen mit den Fenstern bis an den
    Boden sind gefragt
die andern nicht
Man lebt draussen
auch wenn es drinnen ist
Das fordert
überfordert

Sie fragen nach Heimat
O mein Gott, respektive, mein lieber Tagengel
das ist eine heikle Geschichte
Heimat, das heisst jetzt gerade
Schweiz
Schweiz
Schweiz

Da dürfen Sie nie etwas anderes sagen
Und was man da meint
das ist dann nicht mehr so schnell klar
Manchmal ein wenig Vergangenheit
Manchmal ein wenig Sehnsucht
Manchmal ein wenig mehr Ruhe
Manchmal weniger Stadt
mehr Land oder umgekehrt
Manchmal laute Worte
Und manchmal Stille

Heimat ist nicht unbedingt dort
wo ich lebe

wo ich Wurzeln habe
Es ist ein Begriff für die Politik geworden
wissen Sie
So als Marke, als Fahne

Ach, Sie sind für unsere Grossstadt zuständig?
Da ist es doppelt schwierig
Ihnen das klarzumachen

Ich bin da daheim, ja das schon
und ich bin es gern
Ich mag die Menschen
auch die bunten
die schrägen
die speziellen
Sie meinen, das genüge?

Sie müssen gehen, gute Reise
Und gute Heimkehr
Wohin auch immer

Ich habe keine Ahnung
wo sie jeweils im Tram Platz nehmen
Ich suche Sie manchmal
Ganz hinten
wo die Kinder Freude haben
Oder vorn
wo die Eiligen sind
Oder in den fahlen Gesichtern
am Abend
Und in den durchwachten am Morgen

Und ich frage mich
Wohin gehen die Leute mit der Angst
Wohin packen sie sie?
Die Angst um den Arbeitsplatz
Um die Beförderung
Um die Gesundheit
Um die Liebe
Um das kleine Glück
Und um die grosse Sorge

Und manchmal
ich kann mich natürlich täuschen
zwinkern Sie mir plötzlich zu
Da ist jenes kleine Lächeln
das mich ja eigentlich nichts angeht
und jemandem ausserhalb
oder innerhalb gewidmet ist
Und manchmal sehe ich Sie vielleicht

aus den Augenwinkeln
Und dann leuchtet da etwas
Mehr als das Züriblau
Und ist heller als alle Leuchtreklamen
Die mir sagen,
was mir fehlt

Wenn die Menschen von den Lichtsignalen
in Tranchen geschnitten werden
könnte es ja sein
dass Sie dazwischen stehen
und ein bisschen aufpassen
in der Schutzengelrolle halt
Oder gibt es die gar nicht mehr?

Früher, als der Glaube noch half
waren Sie doch vor allem das
Jenes Wesen
das die Mutter mitgab
auf den Schulweg
Die Grossmutter mit dem Ferienbatzen
ins Pfadilager
Und jenes Schulterklopfen
das sogar der Vater auf die Schulreise mitgab

Vielleicht auch das aufmunternde Guten Morgen

Ich bin beunruhigt
Sie schweigen

Ist das alles hoffnungslos von gestern?
Interpretationen der Alten
die heute nicht mehr mitkommen
Das Tempo nicht mehr mithalten
Und vergessen, dass das iPhone die Rolle
übernimmt
den Weg weist
die Strecke berechnet
die Gefahren auflistet
Und wie man ihnen entgehen kann grad auch
Und wo man hingehen muss
um dabei zu sein
Und wo man ja nicht hingehen soll
um sicher nicht dabei gewesen zu sein

Sie wiegen den Kopf
Es weht ein Lüftchen
Dort, wo er sein könnte
Vielleicht der frische Wind
Vielleicht ein wenig Heiliger Geist
der es heute auch nicht mehr leicht hat
Und weht, wo er will
Und so hoffe ich noch immer
Auch dort
wo man ihn oder sie
nicht will
Auf Teufel komm raus nicht will

Und der Teufel ist ja schon draussen
und treibt sein Wesen und Unwesen
Und man gibt ihm verbindliche Namen
Nettigkeiten
Auch politisch korrekte
Die Teufel haben Saison
Und gehen in die Talkshows
und lächeln dort ununterbrochen

Sie fahren nicht mehr zur Hölle
Mindestens nicht mehr bei uns
Sie erhalten Asyl
Das Asyl der Wohlanständigkeit
Aha, Sie lächeln
Danke

Nun muss ich Sie doch ansprechen, Frau E.
Man sagt, dass Sie kürzlich eines Nachts
in den wenigen Stunden
in denen der Bahnhof Ihnen gehört
heruntergestiegen seien
und dann einfach die Halle benutzt hätten
Sie hätten getanzt
sich wie ein Derwisch in immer schnelleren Kreisen
    gedreht
und was am meisten irritiert
Sie hätten sich vervielfacht
und am Schluss sei die ganze grosse Halle
erfüllt gewesen von Engeln
Kleinen, grossen, dicken – Pardon, wie Sie –
und schmalen, fast kindergleichen
und sie hätten getanzt und gesungen
und gelacht
Ein fröhliches Fest sei da im Gang gewesen
Und das doch einige Zeit
bis Sie, also doch eine Art Gastgeberin
zur Ruhe gerufen hätten
und schliesslich hätten Sie Ihren Kolleginnen und
    Kollegen
oder wie immer da die Beziehungsmuster gelten
gesagt:
Nun hätten sie alle für die nächste Zeit
wieder einen klaren Auftrag:
Sie müssten die Heimatlosen begleiten

auf ihrer Irrfahrt
um die Welt
Sie müssten die Reisenden mit Abfahrten und ohne
    Ankunft
an der Hand nehmen
Sie müssten trösten und begleiten
Was halt Engel so machen
meine ich
Und Sie redeten ihnen gut zu, dass das gelte
was immer sonst verkündet werde
durch Lautsprecher
und durch Megaphone
Es gelte ihr altes Gesetz
von Ewigkeit her
Hoffnung und Frieden
und Liebe
Punkt

Werte Frau E., stimmt das?
War das so?
Da möchte ich natürlich wissen, woher all diese Wesen
    kamen
Und wie sie sich verteilen
Und wohin sie nun alle gehen
Und wann sie denn wieder kommen
Und ja, ich habe noch viele Fragen
Sie verstehen

Ich sehe, sie schütteln Ihr eindrucksvolles Haupt
Und zwinkern mit den Augen
Und verabschieden mich
aha

Aha, ja bitte, setzen Sie sich
Ich verstehe gut, dass Sie während Ihrer nächtlichen
    Schicht auch mal ausruhen müssen
Meine kleine Terrasse mitten im Kreis 4 eignet sich gut
Ich bin oft hier nachts, einfach so
um zu meditieren – so würden Sie es vielleicht nennen
Vielleicht aber auch, um zu hören, zu riechen, zu spüren
was in unserer Grossstadt so alles im Tun ist

Wie machen Sie denn das eigentlich?
Sie haben wohl einen Rundblick, durchdringend
Ihnen entgeht nichts
Das wäre mir zu viel

Oder haben Sie Stufenalarm?
So quasi dringend, sehr dringend, höchste Stufe?
Das wäre dann eine Art Rückversicherung

Sie lächeln
Unsere menschlichen Massstäbe sind für Sie wohl etwas
    kindlich

Ich freue mich, wenn Sie hier sitzen
und einfach schweigen möchten
Das kenne ich
Sich mal einfach Ruhe wünschen
Kein Gerede
Keine Analyse der Grossstadt-, Kreis-4- oder
    Was-auch-immer-Problematik

Einfach akzeptieren
dass Menschen sind
Dass Menschen so sind
Dass sie verschieden sind
Und dass sie verschieden leben
Auch unter Glück so je Unterschiedliches verstehen

Manchmal kommt mir die Bibelstelle in den Sinn
dass der Herr jedes Haar auf dem Haupt jedes Einzelnen
    gezählt habe
Ein humorvoller Gott oder dann ein sehr allmächtiger
Ich weiss nicht

So im Morgengrauen, da könnte ich mir eher vorstellen
dass da der Teufel aktiv ist und zählt
Falls Sie dazu eine Meinung haben
so würde sie mich interessieren
Gibt es denn den?

Seit heute weiss ich, dass auch Engel lachen
Und zwar lauthals
Und sie erholen sich nicht so schnell
von einem Lachanfall
Glucksend geht er weiter oder –
Engel weinen ja nicht

Oh, guten Morgen, Sie sind wieder da
Ich dachte mir doch
dass ich etwas gehört hätte
Nein, es stört mich nicht
dass Sie sich wieder hier erholen
Ich fühle mich geehrt
und doch: Wenn ich ehrlich bin
etwas unheimlich ist es mir schon
Kein Mensch würde mir glauben
wenn ich von Ihren Besuchen erzählen würde

Wir Zürcher sind ein nüchternes Volk
An so geheimnisvolle Wesen und an Geister
seien es gute oder schlechte
wollen wir nicht glauben
Das ist uns zu – ja, zu esoterisch
Zu unzürcherisch halt einfach

Sie finden das nicht wichtig – aha!

Entschuldigung, ich weiss ja nicht
ob ich Ihnen zu nahe trete
aber könnte es sein,
dass Engel manchmal weinen?
Ich frage mich ja schon seit langem
wohin eine Stadt von unserer Grösse mit den geweinten
    Tränen geht
Ich meine, die Entsorgung ist ja schon ein tüchtiges
    Problem

für jede Grossstadt
Und wenn man dann noch an die Tausenden von
    Menschen denkt
die doch ab und zu mal weinen
weinen müssen
über das, was passiert
und das, was nicht passiert
Die weinen müssen über ihre Verluste
von geliebten Menschen, über Abschiede da und dort
Die weinen müssen über all das ungelebte Leben
das sie verpasst haben
das nie mehr zurückkommt
das einfach abhandengekommen ist im Alltag

Und wenn man an die vielen Kinder denkt
die nachts heimlich weinen
in ihre Kissen
Angstweinen
Verlassenheitsweinen
Zornweinen
weil sie auch tagsüber
nicht gesehen werden
nicht gehört werden
nicht ernstgenommen werden

Oder all die alten Menschen
die schon gar keine Tränen mehr haben
Und so still in sich hinein weinen

Was macht man mit dem allem?
Aha, ich verstehe
Sie sammeln die irgendwie
Ich kann mir das nicht vorstellen
Das ist ja eine fast absurde Idee
Aber ich nehme zur Kenntnis
dass Sie das machen

Ich stelle mir das als eine ziemlich unheimliche
        Aufgabe vor
Nie zu Ende
Nie genug
Nie zu stoppen

Sie schmunzeln – das finde ich fast ein bisschen gemein
Wir Menschen sind halt, wie gesagt, nüchtern

Okay, ich schweige

Und jetzt erklären Sie mir also, dass diese Tränen in einen
        besonderen Topf kommen
In einen, der himmlisches Funkeln ermöglicht

Manchmal ganz spät in der Nacht
Manchmal am frühen Morgen
Manchmal irgendwo fern am Horizont
Und dass diese Kristalle
wesentlich zum Zusammenhalt des Planeten beitragen

Ich staune
Sie meinen, genau das müssten wir halt wieder lernen

Es ist schon wesentlich über die Engelstunde morgens
um vier Uhr
Sie müssen weiter
Ich verstehe
Ihr Tagkollege wird ja bald kommen
und übernehmen

Ich wünsche – wie sagt man bei Ihnen –
gute Ruhe
Gute Erholung
Oder?

Guten Abend

schön, dass sie wieder mal hier Station machen
Es war ein strenger Winter
Und der Frühling lässt sich Zeit
Ich weiss ja nicht, ob Ihresgleichen auch damit
    konfrontiert sind
Ich bin es und mit zunehmendem Alter noch mehr
Es gab viele hartnäckige Grippefälle und viele
    hartnäckige Erkältungskrankheiten
Das schwächt und lässt uns ach immer so tüchtige
    Menschen etwas spüren
was wir so gar nicht wollen: Gebrechlichkeit,
    Schonungsbedürftigkeit, Hinfälligkeit

Wenn ich manchmal nachts auf unserer Terrasse sitze
und die Geräusche und den Puls der Stadt wahrnehme
dann wird mir deutlich:
Auch eine Stadt hat eine Befindlichkeit
Einen Puls
Einen Blutdruck
Und der ist in unserer nur für die Tüchtigen gedachten
    Stadt
sehr erhöht
und gefährdet vieles

Es gibt
so bin ich überzeugt
das Phänomen des gebrochenen Herzens
Medizinisch nicht zu diagnostizieren, ich weiss

aber als Wahrnehmung
als Leiden
als gelebte Wirklichkeit schon
Im Privaten, wo Liebe und Enttäuschung so etwas
      auslösen können
Im öffentlichen Leben, wo Zerstörung und Kränkung
      solche Folgen haben können
Ich habe seit meinem Trauma ein gebrochenes Herz
Es liegt schwer und beschädigt in meiner Brust
Nur ein kleiner ständiger Schmerz
nicht der Rede wert
Damit lässt sich leben
aber er besteht für immer
Deshalb auch – Sie lächeln wohl –
steht in meinem Organspenderausweis, dass man mein
      Herz nicht weitergeben darf
Alles andere schon
Aber mein Herz gehört mir
ist wirklich meins, wie sonst kaum etwas an oder in mir
Und es soll so bleiben
Hier sind die Erfahrungen
die Freuden und Leiden eingeschrieben
Eingraviert so quasi
Wie sonst nirgends

Ich weiss, der Herzspezialist verzieht die Mundwinkel
      diskret
wenn ich ihm das sage

Er ist überzeugt, dass ich einfach ein zu grosses Herz habe
Es zu tüchtig – gewesen – sei
Ha, wenn der wüsste!
Aber ich kooperiere, klar doch, er sieht, was er sieht
Ich spüre, was ich spüre

Und unser Stadtherz?
Ich glaube, es ist auch sehr gross, zu tüchtig
und kommt einfach nicht zur Ruhe
Man gönnt es ihm nicht
Es darf nicht ruhen, entspannen
mal einfach sein
Stillstand ist Rückschritt, höre ich dann
So ein Quatsch
Schon die Forschungen aus der Architektur und ihrer
    Geschichte zeigen das Gegenteil
Aber wir lernen ja nicht
schon gar nicht aus der Geschichte
Resilienz wäre das Stichwort
Flexibilität und Standfestigkeit
Letzteres ist aber so gar keine moderne Tugend mehr,
    ich weiss

Wie geht es wohl bei Ihresgleichen mit dem Herzen?
    Dem Puls?
Kennen Sie das denn?
Schmerzt es? Erschöpft es sich?
Sie lächeln, meine Fragen wirken wohl unbedarft

Wie auch immer
Ich freue mich, wenn Sie hier bei mir Station machen
Wenn Sie – das deutet darauf hin, dass wir uns so fremd
    nicht sind – ausruhen mögen
Ich wünsche Ihnen einen guten Tag

Unsere Bekanntschaft ist ja schon speziell
Schon wie sie zustande gekommen ist
Auf der Bank
Auf dem Platzspitz
Jenem geschichtsträchtigen
besonderen Platz in Zürich
Geschichtsträchtig
durch Drogen und andere Schwierigkeiten
Geschichtsträchtig
durch die Nähe zum Landesmuseum

Da kann es natürlich vorkommen
dass Geister, Gespenster, Helden
mal einen Ausflug machen
Und sich auch mal ausserhalb der Mauern
ein Bild der Welt machen wollen
Das kann, könnte ich verstehen

Dass sich dann aber ein Wesen zu mir setzt
das ich eher spüre als sehe
und das sich dann auch noch in ein Gespräch verwickeln
    lässt
angenehm normal und zeitgemäss, finde ich
und sich schliesslich als Stadtengel von Zürich vorstellt
das hat mich schon arg strapaziert
Woran zweifeln, warum sich nicht freuen?

Sie haben mir da einiges erzählt
Von Ihrem Auftrag

Von Ihrem Selbstverständnis
Von Ihren Sorgen und Freuden
Ich war beeindruckt

Sie hatten auch einige Fragen
Wollten wissen, warum das so
jenes anders ist
Vor allem waren Sie interessiert
zu hören, wie es den Menschen wirklich geht

Ja, mein guter Herr, oder wie sagt man Ihnen?
Als ob das so einfach zu benennen wäre
Da gibt es solche und jene
denen es gut geht
Und jene, denen es nicht gut geht
Und jene, die meinen, es gehe ihnen gut
die aber eigentlich sehr armselig durch ihre Zeit rasen
Und jene, denen es nicht so gut geht
die sich aber tapfer und eigentlich nicht unglücklich
    durch ihre Tage strampeln

Sie hörten aufmerksam zu
Und meinten schliesslich
Das hätten Sie eben auch so verstanden
dass es etwas mit der Zeit zu tun habe, der Lebenszeit
die ja klar bemessen sei
und keinen Tag verlängert werden könne
Darum könnten Sie nicht verstehen
dass alle so geizig seien mit der Zeit

und dass alle so hektisch und aufgeregt rennen
und gestresst seien und müde werden
bis zum Umfallen

Die Ewigkeit sei ja dann auch noch da
Das sagen Sie jetzt so einfach
Das glaubt Ihnen hier keiner einfach so
Und auch das überrascht Sie nicht

Sie hätten schon oft mit dem einen oder andern darüber
    reden wollen
Aber alle hätten gesagt, das sei jetzt nicht der Moment
Sie hätten zu tun, sie müssten noch das und jenes
Und der Job und die Sitzung und das Meeting
Sie verstünden das nicht
Das sei doch lächerlich angesichts der Ewigkeit
Da wäre es doch gescheiter, sich auf die Bank zu setzen
und zuzuhören oder mitzureden
wie das denn nun sei mit der Ewigkeit

Ich glaube, werter Stadtengel
Zürich ist nicht gerade die geeignete Stadt
um über Vergänglichkeit und Ewigkeit
über Lebenszeit und irgendwelche Grenzen zu
    debattieren
Die Grenzen lieben wir nämlich nicht
Wir glauben auch nicht an sie
Wir haben da unsere eigene Dynamik
Unsere eigenen Tempi

Unsere eigenen Wahrnehmungen
Und das sehr erfolgreich
Das werden Sie doch anerkennen müssen, oder?

Sie haben da geseufzt oder so ähnlich
Das hat mich irritiert
Machen das Engel?
Sie haben dann auch nicht mehr viel gesagt
Ich hoffe, ich habe Sie nicht verärgert
Sie haben dann höflich Auf Wiedersehen gesagt
Wie selbstverständlich
dass es eines gibt

Ich habe eine gewisse Kühle neben mir gespürt
Das war aber sicher
wegen der eben untergehenden Sonne
Die hat ja auch ihre Zeiten
Und Ewigkeiten
Und gönnt uns nur einzelne Tage

Das möchte ich mit Ihnen nun schon klären,
   verehrte Frau E.
Komme ich doch eben vom Spitalbesuch
bei meinem Freund zurück
Er muss sterben
Das ist klar
Wann? – Bald
Und wie geht man damit um?
Auch wenn wir es wissen
es seit je wissen
ein solcher Besuch ist hart
und macht so vieles unsicher

Ich warte
bis sich die Halle leert
Dann ist es immer am ergiebigsten
mit Ihnen, ich weiss
Offenbar brauchen
auch Sie Ruhe
oder Abstand
Oder beides

Also, jetzt einfach so unter uns
(von Frau zu Frau wage ich ja nicht zu sagen)
Sie sind für mich die Lebensfülle
die Lebenslust
der Engel (eine weibliche Form scheint es nicht zu
   geben)
die oder der also für das pralle dicke saftige Leben steht

Und jetzt, Frau E.?
Warum der Tod
dieses elende Kranksein
die Schmerzen
das Verdämmern unter Morphium
wenn gar nichts mehr geht?
Das Sterben halt
das so kaum zu ertragen ist
wenn wir es mit ansehen
begleiten
weil wir nahe sind
sein möchten
und der Mensch, der geht
doch immer fremder wird

Sie sehen da täglich hunderttausend Menschen rennen
Der Zug muss noch erreicht werden
das Handy am Ohr
Das muss nun wirklich noch besprochen werden
die Notizen noch auf dem iPad fertig tippen
sonst ist das Traktandum zu wenig vorbereitet
Rote Köpfe
schwerer Atem
und – manchmal – irrer Blick

Und wie bitte bringen Sie es zusammen
diese Welt hier
der Stress
die Energie

und jene im Spitalzimmer
wo gar nichts mehr wichtig ist
ausser geliebt und gehalten zu sein
von jenen, die einem auch lieb sind
und da nun Abschied zu nehmen
ins Unbestimmte
ins nicht Definierte

Und wie bitte, soll ich es denn zusammenbringen?

Frau E., Sie die Lebensfülle
strotzend vor Energie
Über den Hetzenden schwebend
Als wäre das Leben und Sterben keine grosse Sache
Ihre nicht
und unsere auch nicht
Ist das wirklich so gemeint?
Ich wüsste da schon gern mehr!

Was ist die Bilanz eines Lebens
Bilanz?
Welches unbedarfte Wort
Es kommt in allen Jahresversammlungen vor
Unter Traktandum xy
In den Quartalsberichten der Firmen
Bei den Börsenkursen
Bilanz, was denn bilanzieren wir?
Vor wem denn?
Wozu denn?

Ist Bilanz für Sie als Engel des Lebens
der Reise und der Ankunft
keine Frage?
Geben Sie Antwort, bitte!
Ist es das Leben selbst
das antwortet?
Die Kinder
Die Enkel
Die Menschen
denen man wichtig war?
In der Arbeit, als man etwas für sie tun konnte
Als man eine Wirkung versuchte
Und bewirkte
Für jene
Für viele
Für nur jemanden

Es freut mich, dass Sie seufzen
Offenbar ist das alles auch für Sie nicht nur einfach
Das teilen wir
Aha, Sie seufzen wegen der Lebenden
Auch gut, ja

Aber ich lasse nicht locker:
Wie wird Sterben sein?
Der Übergang?
Sind sie da auch beteiligt?
Oder schauen Sie nur zu?
Oder sind es andere Ihrer Gruppe?

Die Schutzengel
Die Begleiter
durch so viele Übergänge
auch für den letzten

Ich finde es ein wenig unfair
dass Sie dazu nichts sagen
Ein wenig mehr schaukeln sie ja
im Nachtwind der Bahnhofshalle
mehr nicht
Sie wägen
Sie wiegen
erwägen
und bleiben stumm
Täusche ich mich
für einen Augenblick haben Sie
ihre Hände, sonst im fröhlich fidelen Kraftakt
ganz sanft um mich gelegt
Eine schöne Geste
Danke
Ich hoffe
ich erinnere mich an sie
immer wieder
Und dann auch